INVENTAIRE
F 46,007

LÉGISLATION

DES

MACHINES A VAPEUR

DÉCRET DU 25 JANVIER 1865

LOIS ET ORDONNANCES EN VIGUEUR

TEXTES DU DROIT COMMUN QUI S'Y RATTACHENT

SUIVIS

D'UN COMMENTAIRE

PAR

V. VIDAL

Ingénieur civil, Ancien élève de l'École Polytechnique et de l'École des Mines,
Avocat à la Cour impériale de Paris.

PARIS

LIBRAIRIE POLYTECHNIQUE
DE NOBLET ET BAUDRY, ÉDITEURS
RUE DES SAINTS-PÈRES, 15
ET A LIÉGE, MÊME MAISON

1865

LÉGISLATION

DES

MACHINES A VAPEUR

Paris. – Imp. de Ad. Lainé et J. Havard, rue des Saints-Pères, 19.

LÉGISLATION

DES

MACHINES A VAPEUR

DÉCRET DU 25 JANVIER 1865

LOIS ET ORDONNANCES EN VIGUEUR

TEXTES DU DROIT COMMUN QUI S'Y RATTACHENT

SUIVIS

D'UN COMMENTAIRE

PAR

V. VIDAL

Ingénieur civil, Ancien élève de l'École Polytechnique et de l'École des Mines
Avocat à la Cour impériale de Paris.

PARIS

LIBRAIRIE POLYTECHNIQUE

DE NOBLET ET BAUDRY, ÉDITEURS

RUE DES SAINTS-PÈRES, 15

ET A LIÈGE, MÊME MAISON

1865
Tous droits réservés.

AVANT-PROPOS.

Le décret du 25 janvier 1865, inséré au Bulletin
des lois le 18 février suivant, modifie complétement
les obligations des propriétaires de machines à vapeur fixes ou locomobiles. Jusqu'à ce jour, sous
l'empire des différentes ordonnances qui ont ré-
glementé ces appareils, ils étaient soumis à une
surveillance incessante ; leur installation était pré-
cédée de nombreuses formalités ; tous les détails de
leur établissement étaient réglés par des prescriptions administratives. Quoique les droits des tiers
et leur recours éventuel devant les tribunaux fussent réservés, *en fait*, presque toutes les difficultés
qui pouvaient s'élever étaient soumises à la décision des préfets, des commissions de surveillance,
de la commission centrale des machines à vapeur
et du ministre des travaux publics. Les tribunaux
n'étaient appelés, le plus souvent, qu'à régler des
réparations pécuniaires à la suite d'accidents ayant
entraîné la mort ou des blessures graves.

Le décret du 25 janvier change complétement cet état de choses; les constructeurs et les propriétaires de machines à vapeur ne sont plus assujettis qu'à certaines conditions bien définies et nettement limitées; le rôle de l'administration s'efface; son intervention est remplacée, d'un côté par la responsabilité des propriétaires de machines à vapeur, de l'autre par la surveillance des tiers intéressés à défendre les droits qui peuvent leur appartenir. Les ingénieurs des mines ou des ponts et chaussées et les autres agents de l'administration continuent sans doute à exercer une surveillance générale, mais leur ministère n'est obligatoire que pour constater par une épreuve officielle les limites que la pression de la vapeur ne saurait sans danger dépasser dans la chaudière, puis pour vérifier l'état des appareils après un accident, et en rechercher les causes. Toutes les contraventions peuvent être constatées, les réclamations des tiers peuvent être reçues concurremment par les maires et adjoints, commissaires de police, etc.

En présence de cette situation nouvelle faite à l'industrie, il peut être utile d'avoir constamment sous la main un recueil qui contienne à la fois les règlements spéciaux aux machines à vapeur, et les textes du droit commun dont la connaissance est d'un intérêt direct pour les propriétaires de ces machines.

On trouvera donc dans ce manuel :

1° Le rapport du ministre des travaux publics qui

indique de la façon la plus nette l'esprit qui a présidé à la réforme de l'ordonnance de 1843, et à la rédaction des nouveaux règlements ;

2° Le décret du 25 janvier 1865 ;

3° Les articles de la loi du 21 juillet 1856, relatifs aux machines fixes et locomobiles (la révision des règlements relatifs aux machines à vapeur placées sur les bateaux n'est pas encore faite) ;

4° Quelques articles des codes et des lois générales auxquels se réfèrent expressément la loi de 1856 et le décret de 1865, et ceux qui permettent d'apprécier l'étendue des droits et des obligations des industriels.

Les indications que l'on trouvera dans ce manuel se bornent strictement aux textes que l'on a intérêt à connaître pour prévenir ou régler, dès le début, les difficultés qui pourraient s'élever. Lorsque les tribunaux ont été déjà saisis, les parties ne peuvent mieux faire que de s'en remettre aux conseils des défenseurs qu'elles ont choisis, et toute indication générale serait tout au moins inutile, souvent dangereuse. Mais on indiquera sommairement les dispositions relatives à certains moyens de défense, tels que les expertises, les enquêtes, etc., dont l'opportunité ne peut être jugée le plus souvent que par les intéressés eux-mêmes ou par les ingénieurs.

Le manuel se termine par l'examen de quelques difficultés que l'on rencontrera en pratique et qui tiennent à la nature toute spéciale des questions qui peuvent surgir. Il n'y a point de jurisprudence en cette matière ; on ne peut donc recourir à l'autorité des arrêts, et c'est par un examen direct des difficultés qu'il faudra chercher à les résoudre dans une circonstance déterminée.

PREMIÈRE PARTIE.

LÉGISLATION SPÉCIALE.

LÉGISLATION

DES

MACHINES A VAPEUR.

PREMIÈRE PARTIE.

LÉGISLATION SPÉCIALE.

I.

Rapport à l'Empereur sur la fabrication et l'établissement des machines et chaudières à vapeur.

Sire ,

Dans le grand travail de révision auquel, d'après les ordres de Votre Majesté, ont dû être soumis les divers règlements qui régissent l'industrie, les machines à vapeur ne pouvaient être oubliées. La vapeur est aujourd'hui l'agent presque unique de l'industrie. A l'exception des usines établies sur les cours d'eau, il n'y en a en quelque sorte pas une seule qui n'ait la vapeur pour force motrice, et en dehors des établissements industriels proprement dits, nous la retrouvons donnant le mouvement aux vaisseaux de guerre et de commerce, ainsi qu'aux locomotives des chemins de fer. Chaque jour augmente le nombre des machines à vapeur existant en France. En 1850, il y en avait 6,832 ; en 1863, le nombre s'en élevait à 22,516 représentant une force de 617,890 chevaux-vapeur, ou de 1,853,670 chevaux de trait, ou encore de 12,975,690 hommes de peine, c'est-à-dire supérieure à celle de tous les hommes en état de travailler qui existent dans le pays.

La vapeur est donc, ainsi qu'on l'a dit si justement, une puissance de premier ordre ; mais on doit reconnaître que c'est une puissance qui a ses dangers, et que l'on ne doit en faire usage qu'avec certaines précautions dont l'oubli peut occasionner les plus funestes conséquences.

L'on s'explique donc qu'à l'époque où la machine à vapeur était encore peu connue, et le nombre des hommes en état de la conduire peu considérable, l'on ait assujetti l'emploi de ces machines à des prescriptions nombreuses et sévères, de nature à prévenir les accidents : c'est ainsi que, dès l'année 1810, elle a été rangée parmi les établissements insalubres et incommodes ; c'est ainsi que plus tard, et sous l'impression d'accidents qui avaient coûté la vie à un grand nombre de personnes, ont été successivement rendues, en 1823, en 1828, 1829 et 1830, diverses ordonnances déterminant les mesures de sûreté auxquelles devait être subordonné l'emploi de la vapeur, et, en dernier lieu, l'ordonnance du 22 mai 1843, qui régit encore aujourd'hui la matière et qui a constitué un véritable progrès sur les règlements antérieurs.

Mais le temps a marché; l'industrie de la construction des machines a fait les plus remarquables progrès; la vapeur s'applique aujourd'hui dans une foule de circonstances où l'on ne supposait pas qu'elle dût jamais trouver sa place. Les appareils destinés à la recevoir se transforment de mille manières, en raison des usages variés auxquels ils sont destinés; les matériaux eux-mêmes dont les appareils sont formés se fabriquent de nos jours dans des conditions de qualité et de prix auxquelles on n'avait pas encore atteint; enfin, les ouvriers propres à la conduite des machines sont plus expérimentés et plus nombreux : de là résulte que l'administration, pour suivre l'industrie dans ses progrès, a dû, usant de la faculté que le règlement lui-même lui conférait, accorder certaines dérogations aux conditions de sûreté que ce règlement prescrivait.

Mais ces concessions limitées et partielles étaient devenues insuffisantes, et chaque jour révélait l'utilité de modifications essentielles dans les règlements actuels ; ces modifications ont été mises à l'étude; l'administration a ouvert sur toute la surface de l'empire une vaste enquête; les ingénieurs chargés de la surveillance, les préfets, les constructeurs, les industriels, ont été consultés. Les résultats de cette enquête ont été analysés et discutés avec le soin le plus scrupuleux par la commission centrale des machines à vapeur instituée près de mon département. A la suite de délibérations approfondies, cette commission a proposé un règlement nouveau qui dégage l'industrie d'entraves devenues inutiles. Le conseil d'État a adopté ce nouveau règlement, et je viens à mon tour, Sire, le soumettre avec confiance à la haute sanction de Votre Majesté, après y avoir introduit, sous son inspiration directe, quelques modifications de détail destinées à le rendre encore plus simple et plus libéral.

Qu'il me soit permis d'indiquer en peu de mots à Votre Majesté les points principaux sur lesquels le nouveau règlement diffère du règlement actuel.

Aujourd'hui, toutes les pièces, en quelque sorte, d'une machine à vapeur sont réglementées : non-seulement les chaudières et les tubes dans lesquels la vapeur se produit sont soumis à des épreuves pour constater la résistance du métal dont ils se composent, mais encore toutes les pièces qui sont destinées seulement à contenir la vapeur produite, les cylindres en fonte des machines, les enveloppes mêmes de ces cylindres, doivent subir ces épreuves; pour le fer, l'acier ou le cuivre, l'épreuve est du triple de la pression à laquelle la vapeur doit fonctionner; pour la fonte, cette épreuve atteint jusqu'au quintuple.

Ce n'est pas tout : le constructeur, quel que soit le métal qu'il doive employer, que ce soit du fer de

qualité ordinaire ou de l'acier le plus solide, est
assujetti à des conditions d'épaisseur dans lesquelles
il doit obligatoirement se renfermer; en un mot, il
n'a, pour ainsi dire, aucune liberté dans le choix
des matériaux qu'il emploie, dans l'agencement des
pièces qui doivent composer la machine, et si, depuis longtemps déjà, l'administration n'avait, ainsi
que je l'ai déjà dit, tempéré la rigueur des règlements, l'industrie eût été paralysée dans son essor,
au grand préjudice de l'intérêt général.

La machine est construite; elle a été vérifiée dans
ses parties essentielles; sa chaudière, ses cylindres,
ont été éprouvés et poinçonnés par les ingénieurs
chargés de la surveillance; ces ingénieurs ont constaté qu'elle est munie de tous les appareils de sûreté
prescrits par les règlements; il s'agit maintenant
d'en faire emploi, et c'est alors que commence une
nouvelle série de formalités.

Les machines à vapeur sont rangées, je l'ai dit,
parmi les établissements insalubres et incommodes;
elles ne peuvent dès lors être autorisées qu'après
une enquête dans laquelle sont entendus les intéressés; à la suite de l'enquête, les ingénieurs se ren-
dent sur les lieux, le plan à la main, pour constater
si les conditions d'emplacement et de distance soit
aux habitations voisines, soit à la voie publique,
sont observées; sur leur rapport enfin, l'autorisation
est accordée, s'il y a lieu, par un arrêté du préfet,
qui détermine les mesures de détail auxquelles le
permissionnaire est tenu de se conformer.

Ajoutons que les arrêtés pris par les préfets peuvent être attaqués par les tiers devant la juridiction contentieuse, et l'on verra de suite combien la législation actuelle, par les pertes de temps qu'elle impose à l'industrie, lui apporte de gêne et de préjudice.

Sans doute, si ce mécanisme compliqué était nécessaire pour garantir la sécurité publique, comme il pouvait l'être il y a peu d'années encore, il faudrait s'y résigner ; mais aujourd'hui la machine à vapeur est tellement entrée dans les habitudes et dans les nécessités de l'industrie, qu'on peut, sans inconvénient pour l'intérêt général, supprimer plusieurs des obligations préventives qui ont été jusqu'ici imposées aux industriels.

C'est dans cet ordre d'idées qu'a été conçu le règlement nouveau : il maintient l'épreuve pour les chaudières, mais il la supprime pour les cylindres et autres pièces accessoires ; de plus, il réduit l'épreuve au double de la pression effective de la vapeur dans la chaudière, tandis qu'elle est triple aujourd'hui de cette pression, et en outre, au-delà d'une pression de six atmosphères, il admet que la charge d'épreuve ne dépasse dans aucun cas le double de cette pression.

Quant à l'exécution même de la chaudière, à la nature et à la qualité des matériaux employés, à l'épaisseur des parois, elles seront laissées désormais à la disposition du constructeur sous sa responsabilité.

En ce qui concerne les machines elles-mêmes, elles seront à l'avenir dispensées de l'autorisation préalable ; en d'autres termes elles seront déclassées comme établissements insalubres et incommodes ; il suffira d'une simple déclaration faite au préfet du département : le règlement lui-même détermine les conditions diverses auxquelles le propriétaire est tenu de se conformer, et chacun dès lors, pourvu qu'il exécute ces conditions, est en droit d'établir chez lui une machine à vapeur sans avoir besoin de réclamer un arrêté préfectoral qui ne pouvait, malgré toute la célérité possible, intervenir le plus souvent qu'après un délai de plusieurs mois.

Enfin, les conditions mêmes imposées d'une manière générale aux propriétaires d'appareils à vapeur offrent de notables adoucissements sur la situation actuelle.

Dans le régime en vigueur, les chaudières sont divisées, au point de vue des dangers qu'elles peuvent présenter pour levoisinage, en plusieurs catégories, qu'on obtient en multipliant leur capacité totale par le chiffre de la pression de la vapeur dans leur intérieur. La première catégorie comprend les chaudières dans lesquelles le produit de la capacité par la tension excède 15 ; la seconde celles où le produit varie entre 7 et 15 ; la troisième celles où il varie de 3 à 7, et la quatrième enfin, celles où il n'excède pas 3.

Les chaudières de première catégorie ne peuvent être établies dans aucune maison d'habitation ni dans aucun atelier, sauf, par exception, pour un atelier, le cas où la chaleur des foyers de cet atelier pourrait être utilisé au chauffage des chaudières.

Toutes les fois qu'il y a moins de dix mètres de distance entre une chaudière de première catégorie et les maisons d'habitation ou la voie publique, il faut construire un mur de défense d'au moins un mètre d'épaisseur, dont le préfet règle la longueur et la hauteur pour chaque cas particulier. Ce magistrat détermine en même temps, s'il y a lieu, la direction de l'axe de la chaudière.

Pour les chaudières de seconde catégorie, elles ne peuvent être placées dans un atelier que lorsque cet atelier ne fait pas partie d'une maison d'habitation ou d'une fabrique à plusieurs étages : si elles sont à moins de 5 mètres de distance, soit des maisons d'habitation, soit de la voie publique, il y a là encore l'obligation du mur de défense d'un mètre d'épaisseur, sans préjudice des autres conditions à régler par le préfet comme pour les chaudières de première catégorie.

Les chaudières de la troisième catégorie ne peuvent être également placées dans un atelier que lorsque cet atelier ne fait pas partie d'une maison d'habitation, mais le mur de défense n'est pas exigé.

Enfin, pour les chaudières de la quatrième catégorie, elles ne sont assujetties à aucune restriction spéciale qui mérite d'être mentionnée.

Dans le nouveau règlement, l'interdiction d'établir une chaudière de première catégorie dans une maison d'habitation est maintenue, mais elle ne subsiste plus pour les ateliers qu'autant qu'ils sont surmontés d'étages, et on ne considérera pas comme un étage au-dessus de l'emplacement de la chaudière une construction légère dans laquelle ne se fera aucune élaboration exigeant la présence d'employés ou d'ouvriers à poste fixe.

Pour ces mêmes chaudières, le nouveau règlement décide d'une manière absolue qu'on ne pourra les établir à moins de 3 mètres de distance d'une maison d'habitation appartenant à des tiers ; mais il ne stipule rien pour la voie publique, et de plus, au-delà de 3 mètres, il ne prescrit la construction d'un mur de défense que dans certains cas où la sûreté du voisinage est plus spécialement intéressée.

Au-delà de 10 mètres, l'établissement des chaudières de première catégorie n'est plus assujetti à aucune condition particulière.

Les chaudières de seconde catégorie pourront être désormais placées dans l'intérieur de tout atelier, et sans aucune condition de mur de défense, pourvu que l'atelier ne fasse pas partie d'une maison habitée par d'autres que le manufacturier, sa famille, ses employés, ouvriers ou serviteurs.

Les chaudières de troisième catégorie, enfin, peuvent être établies dans un atelier quelconque, même faisant partie d'une maison habitée par des tiers.

Il suffit sans doute, Sire, du simple énoncé qui précède pour montrer toute l'étendue de la liberté que le nouveau règlement laisse à l'industriel ; il n'aura plus à subir ces longs délais qu'exige toujours, quoi qu'on fasse, une instruction administrative ; il trouvera dans le règlement lui-même les conditions qu'il doit remplir, et l'exécution lui en sera laissée sous sa responsabilité et sous la réserve d'une simple déclaration à faire au préfet ; il était impossible d'aller plus loin sans abandonner cet autre intérêt que le gouvernement ne doit jamais négliger, celui de la sécurité publique.

Quant aux détails du règlement en lui-même, j'ai peu de chose à en dire : il se divise en quatre titres.

Le premier traite des épreuves auxquelles les chaudières devront être soumises : il indique comment ces épreuves devront se faire et quelle en sera la charge.

Il définit en outre les divers appareils de sûreté dont les chaudières devront être munies (art. 5 à 9).

Ces appareils ne diffèrent pas, quant à leur nature, de ceux qui sont en usage aujourd'hui ; mais, tandis que le règlement actuel en fixait les dimensions, les détails d'exécution et d'emploi de la manière la plus minutieuse, le règlement nouveau se borne à indiquer, au moins pour la plupart de ces appareils, les conditions générales auxquelles ils doivent satisfaire, et laisse l'industriel libre de les construire, disposer et employer comme il voudra, pourvu que le but auquel ils doivent satisfaire soit atteint.

Le titre **II** règle la forme et les conditions de la déclaration à faire par celui qui veut établir à demeure une chaudière à vapeur. Cette déclaration, faite au préfet (art. 10), doit contenir les indications nécessaires pour permettre à l'autorité et aux ingénieurs chargés de la surveillance, de constater si les chaudières sont toujours dans les conditions réglementaires ; ces indications ne se rapportent d'ailleurs qu'à des faits que le propriétaire ne peut pas ignorer, et par suite il lui sera toujours facile de les fournir.

Le titre **II** règle également les conditions que doit remplir toute chaudière à vapeur vis-à-vis du voisinage, et c'est là évidemment la partie la plus importante du nouveau règlement, puisque c'est elle qui doit faire, par des dispositions générales applicables à tous les cas, ce que faisait dans chaque cas particulier l'arrêté du préfet, en vue de sauvegarder la sécurité publique et les intérêts des propriétés voisines des machines à vapeur.

J'ai d'ailleurs, dans la première partie de ce rapport, indiqué les conditions spéciales applicables aux chaudières de chaque catégorie, et je n'ai plus besoin d'y revenir ici.

Qu'il me soit permis seulement de signaler à Votre Majesté la disposition (art. 18) d'après laquelle les conditions d'emplacement fixées par le règlement cessent d'être obligatoires lorsque les tiers intéressés renoncent à s'en prévaloir, et celle (art.19) qui oblige à munir les chaudières de toute catégorie d'un appareil fumivore d'une efficacité suffisante. L'inconvénient de la fumée est celui qui est le plus incommode aux voisins, et depuis assez longtemps déjà l'administration est dans l'usage de prescrire, à tous ceux qui veulent établir des machines à vapeur, de brûler la fumée de leurs foyers ; il existe aujourd'hui divers appareils qui réalisent, au moins d'une manière approximative et à peu de frais, ce grand avantage ; il est juste d'en faire jouir le public d'une manière générale au moment où l'on accorde à l'industrie des facilités aussi larges que celles qui doivent résulter du nouveau règlement.

Il paraît équitable toutefois d'accorder un certain délai pour se mettre en règle, quant à l'emploi d'un appareil fumivore, aux propriétaires de chaudières à vapeur auxquels cette condition n'a pas été imposée par leur acte d'autorisation ; un paragraphe spécial est ajouté à cet effet à l'article 19 ; le délai qu'il accorde aux usiniers est de six mois.

Le titre III énonce les dispositions auxquelles doivent satisfaire les machines locomobiles et les machines locomotives. Les prescriptions qui concernent les locomobiles ne diffèrent pas sensiblement de celles qui sont édictées par les règlements actuels ; et quant aux locomotives, on se réfère purement et simplement aux règlements d'administration publique qui règlent les conditions de la circulation de ces machines sur les chemins de fer. Il est seulement ajouté à l'article relatif aux locomotives un paragraphe qui prévoit le cas où elles viendraient ultérieurement à circuler sur les routes de terre; ce cas échéant, les conditions de cette circulation seraient fixées par un règlement spécial.

Le titre **IV** enfin désigne les fonctionnaires et agents de divers ordres qui seront chargés de la surveillance des chaudières à vapeur; il indique les mesures à observer en cas d'accident, de telle façon que la justice puisse être ainsi à même de constater à qui doit en remonter la responsabilité.

Telles sont, Sire, les dispositions principales de la nouvelle réglementation qui me paraît devoir être adoptée pour les chaudières à vapeur; elles ouvrent pour l'industrie une ère de liberté et de progrès, tout en satisfaisant dans la mesure du nécessaire à ce qu'exige la sûreté publique, et je prie Votre Majesté de vouloir bien remarquer que ces dispositions ne concernent que les chaudières autres que celles qui sont placées sur des bateaux. Pour ces dernières, il pourra y avoir lieu sans doute de modifier en quelques points les règlements actuels; mais, à raison de la destination principale des bateaux à vapeur, qui est le transport des personnes, et de la gravité des accidents dont, par là même, ils peuvent être le théâtre, il est impossible de ne pas les astreindre à des mesures de précaution spéciales. Tout ce qui les concerne doit donc faire l'objet d'un examen particulier dont j'aurai ultérieurement à placer les résultats sous les yeux de Votre Majesté.

Je suis, avec un profond respect,

Sire,

De Votre Majesté

Le très-humble et très-obéissant serviteur et fidèle sujet,

Le ministre de l'agriculture, du commerce et des travaux publics,

ARMAND BÉHIC.

II.

Décret impérial relatif aux chaudières à vapeur autres que celles qui sont placées à bord des bateaux.

Du 25 janvier 1865.

Inséré au Bulletin des lois (n° 12962) le 18 février 1865 (1).

***

NAPOLÉON, par la grâce de Dieu et la volonté nationale, Empereur des Français, à tous présents et à venir, salut.

Sur le rapport de notre ministre secrétaire d'Etat au département de l'agriculture, du commerce et des travaux publics ;

Vu l'ordonnance royale du 22 mai 1843 (1), rela-

---

(1) Le texte officiel publié par le *Bulletin des Lois* diffère en certains points de celui qui a été inséré au *Moniteur* du 29 janvier 1865, et dans différents journaux. Ainsi, art. 14, le texte primitif indiquait comme limite supérieure d'un certain angle un sixième d'angle droit ; d'après le *Bulletin des Lois*, cette limite est seulement de $\frac{1}{10}$ d'angle droit ; ces deux nombres sont entre eux comme 15 et 9 ou 100 et 60. La modification est assez importante pour être signalée d'une manière toute spéciale.

(2) IXe série, Bull. 1032, n° 10,826.

tive aux machines et chaudières à vapeur autres que celles qui sont placées sur des bateaux;

Vu les rapports de la commission centrale des machines à vapeur établie près du ministère de l'agriculture, du commerce et des travaux publics;

Notre conseil d'État entendu,

Avons décrété et décrétons ce qui suit :

ART. 1er. Sont soumises aux formalités et aux mesures prescrites par le présent décret les chaudières fermées destinées à produire la vapeur, autres que celles qui sont placées à bord des bateaux.

TITRE Ier.

Dispositions relatives à la fabrication, à la vente et à l'usage des chaudières fermées destinées à produire la vapeur.

ART. 2. Aucune chaudière neuve ou ayant déjà servi ne peut être livrée par celui qui l'a construite, réparée ou vendue, qu'après avoir subi l'épreuve prescrite ci-après.

Cette épreuve est faite chez le constructeur ou chez le vendeur, sur sa demande, sous la direction des ingénieurs des mines ou, à leur défaut, des ingénieurs des ponts et chaussées, ou des agents sous leurs ordres.

Les épreuves des chaudières venant de l'étranger sont faites, avant la mise en service, au lieu désigné par le destinataire dans sa demande.

ART. 3. L'épreuve consiste à soumettre la chaudière à une pression effective double de celle qui ne doit pas être dépassée dans le service, toutes les fois que celle-ci est comprise entre un demi-kilogramme et six kilogrammes par centimètre carré inclusivement.

La surcharge d'épreuve est constante et égale à un demi-kilogramme par centimètre carré pour les pressions inférieures et à six kilogrammes par centimètre carré pour les pressions supérieures aux limites ci-dessus.

L'épreuve est faite par pression hydraulique.

La pression est maintenue pendant le temps nécessaire à l'examen de toutes les parties de la chaudière.

ART. 4. Après qu'une chaudière ou partie de chaudière a été éprouvée avec succès, il y est apposé un timbre indiquant en kilogrammes, par centimètre carré, la pression effective que la vapeur ne doit pas dépasser. Les timbres sont placés de manière à être toujours apparents après la mise en place de la chaudière. Ils sont poinçonnés par l'agent chargé d'assister à l'épreuve.

ART. 5. Chaque chaudière est munie de deux soupapes de sûreté chargées de manière à laisser la vapeur s'écouler avant que sa pression effective atteigne, ou, tout au moins, dès qu'elle atteint la limite maximum indiquée par le timbre dont il est fait mention à l'article précédent.

Chacune des soupapes offre une section suffisante pour maintenir à elle seule, quelle que soit l'activité du feu, la vapeur dans la chaudière à un degré de pression qui n'excède dans aucun cas la limite ci-dessus.

Le constructeur est libre de répartir, s'il le préfère, la section totale d'écoulement nécessaire des deux soupapes réglementaires entre un plus grand nombre de soupapes.

Art. 6. Toute chaudière est munie d'un manomètre en bon état, placé en vue du chauffeur, disposé et gradué de manière à indiquer la pression effective de la vapeur dans la chaudière. Une ligne très-apparente marque sur l'échelle le point que l'index ne doit pas dépasser.

Un seul manomètre peut servir pour plusieurs chaudières ayant un réservoir de vapeur commun.

. Art. 7. Toute chaudière est munie d'un appareil d'alimentation d'une puissance suffisante et d'un effet certain.

Art. 8. Le niveau que l'eau doit avoir habituellement dans chaque chaudière doit dépasser d'un décimètre au moins la partie la plus élevée des carneaux, tubes ou conduits de la flamme et de la fumée dans le fourneau.

Ce niveau est indiqué par une ligne tracée d'une manière très-apparente sur les parties extérieu-

res de la chaudière et sur le parement du fourneau.

La prescription énoncée au paragraphe 1er du
présent article ne s'applique point :

1° Aux surchauffeurs de vapeur distincts de la
chaudière ;

2° A des surfaces relativement peu étendues et
placées de manière à ne jamais rougir, même lorsque le feu est poussé à son maximum d'activité,
telles que la partie supérieure des plaques tubulaires des boîtes à fumée dans les chaudières de locomotives, ou encore telles que les tubes ou parties de
cheminée qui traversent le réservoir de vapeur, en
envoyant directement à la cheminée principale les
produits de la combustion ;

3° Aux générateurs dits à production de vapeur
instantanée et à tous autres qui contiennent une
trop petite quantité d'eau pour qu'une rupture puisse
être dangereuse.

Le ministre de l'agriculture, du commerce et des
travaux publics peut, en outre, sur le rapport des
ingénieurs et l'avis du préfet, accorder dispense de
ladite prescription dans tous les cas où, à raison
soit de la forme ou de la faible dimension des générateurs, soit de la position spéciale des pièces
contenant de la vapeur, il serait reconnu que la dispense ne peut pas avoir d'inconvénients.

ART. 9. Chaque chaudière est munie de deux appareils indicateurs du niveau de l'eau, indépendants
l'un de l'autre et placés en vue du chauffeur.

2.

L'un de ces deux indicateurs est un tube en verre disposé de manière à pouvoir être facilement nettoyé et remplacé au besoin.

TITRE II.

Dispositions relatives à l'établissement des chaudières à vapeur placées à demeure.

ART. 10. Les chaudières à vapeur destinées à être employées à demeure ne peuvent être établies qu'après une déclaration au préfet du département. Cette déclaration est enregistrée à sa date. Il en est donné acte.

ART. 11. La déclaration fait connaître :

1° Le nom et le domicile du vendeur des chaudières ou leur origine ;

2° La commune et le lieu précis où elles sont établies ;

3° Leur forme, leur capacité et leur surface de chauffe ;

4° Le numéro du timbre exprimant en kilogrammes, par centimètre carré, la pression effective maximum sous laquelle elles doivent fonctionner ;

5° Enfin, le genre d'industrie et l'usage auxquels elles sont destinées.

Art. 12. Les chaudières sont distinguées en trois catégories.

Cette classification est basée sur la capacité de la chaudière et sur la tension de la vapeur.

On exprime en mètres cubes la capacité de la chaudière avec ses tubes bouilleurs ou réchauffeurs, mais sans y comprendre les surchauffeurs de vapeur; on multiplie ce nombre par le numéro du timbre augmenté d'une unité. Les chaudières sont de la première catégorie quand le produit est plus grand que quinze; de la deuxième, si ce même produit surpasse cinq et n'excède pas quinze; de la troisième, s'il n'excède pas cinq.

Si plusieurs chaudières doivent fonctionner ensemble dans un même emplacement et si elles ont entre elles une communication quelconque, directe ou indirecte, on prend pour former le produit comme il vient d'être dit la somme des capacités de ces chaudières.

Art. 13. Les chaudières comprises dans la première catégorie doivent être établies en dehors de toute maison et de tout atelier surmonté d'étages.

N'est point considérée comme un étage au-dessus de l'emplacement d'une chaudière une construction légère dans laquelle les matières ne sont l'objet d'aucune élaboration nécessitant la présence d'employés ou ouvriers travaillant à poste fixe.

Dans ce cas, le local ainsi utilisé est séparé des ateliers contigus par un mur ne présentant que les passages nécessaires pour le service.

ART. 14. Il est interdit de placer une chaudière de première catégorie à moins de trois mètres de distance du mur d'une maison d'habitation appartenant à des tiers.

Si la distance de la chaudière à la maison est plus grande que trois mètres et moindre que dix mètres, la chaudière doit être généralement installée de façon que son axe longitudinal prolongé ne rencontre pas le mur de ladite maison, ou que, s'il le rencontre, l'angle compris entre cet axe et le plan du mur soit inférieur au dixième d'un angle droit.

Dans le cas où la chaudière n'est pas installée dans les conditions ci-dessus, la maison doit être garantie par un mur de défense.

Ce mur, en bonne et solide maçonnerie, a un mètre au moins d'épaisseur en couronne ; il est distinct du parement du fourneau de la chaudière et du mur de la maison voisine, et est séparé de chacun d'eux par un intervalle libre de trente centimètres de largeur au moins.

Sa hauteur dépasse d'un mètre la partie la plus élevée du corps de la chaudière, quand il est à une distance de celle-ci comprise entre trente centimètres et trois mètres. Si la distance est plus grande que trois mètres, l'excédant de hauteur est augmenté en proportion de la distance, sans toutefois excéder deux mètres.

Enfin, la situation et la longueur du mur sont combinées de manière à couvrir la maison voisine dans toutes les parties qui se trouvent à la fois au-dessous de la crête dudit mur, d'après la hauteur fixée ci-dessus, et à une distance moindre que dix mètres d'un point quelconque de la chaudière.

L'établissement d'une chaudière de première catégorie à la distance de dix mètres ou plus des maisons d'habitation n'est assujetti à aucune condition particulière.

Les distances de trois mètres et de dix mètres fixées ci-dessus sont réduites respectivement à un mètre cinquante et cinq mètres, lorsque la chaudière est enterrée de façon que la partie supérieure de ladite chaudière se trouve à un mètre au moins en contre-bas du sol du côté de la maison voisine.

ART. 15. Les chaudières comprises dans la deuxième catégorie peuvent être placées dans l'intérieur de tout atelier, pourvu que l'atelier ne fasse pas partie d'une maison habitée par des personnes autres que le manufacturier, sa famille et ses employés, ouvriers et serviteurs.

ART. 16. Les chaudières de troisième catégorie peuvent être établies dans un atelier quelconque, même lorsqu'il fait partie d'une maison habitée par des tiers.

ART. 17. Les fourneaux des chaudières comprises dans la deuxième et la troisième catégorie sont entièrement séparés des maisons d'habitation appartenant à des tiers; l'espace vide est de un mètre pour les chaudières de la deuxième catégorie et de cinquante centimètres pour les chaudières de la troisième.

ART. 18. Les conditions d'emplacement établies par les articles 14 et 17 ci-dessus cessent d'être obligatoires lorsque les tiers intéressés renoncent à s'en prévaloir.

ART. 19. Le foyer des chaudières de toute catégorie doit brûler sa fumée.

Un délai de six mois est accordé pour l'exécution de la disposition qui précède aux propriétaires de chaudières auxquels l'obligation de brûler leur fumée n'a point été imposée par l'acte d'autorisation.

ART. 20. Si, postérieurement à l'établissement d'une chaudière, un terrain contigu vient à être affecté à la construction d'une maison d'habitation, le propriétaire de ladite maison a le droit d'exiger l'exécution des mesures prescrites par les articles 14 et 17 ci-dessus, comme si la maison eût été construite avant l'établissement de la chaudière.

ART. 21. Indépendamment des mesures générales de sûreté prescrites au titre Ier de la déclaration prévue par les articles 10 et 11 du titre II, les chaudières à vapeur fonctionnant dans l'intérieur des mines sont soumises aux conditions spéciales fixées par les lois et règlements concernant l'exploitation des mines.

TITRE III.

Dispositions relatives aux chaudières des machines locomobiles et locomotives.

Art. 22. Sont considérées comme locomobiles les machines à vapeur qui peuvent être transportées facilement d'un lieu dans un autre, n'exigent aucune construction pour fonctionner sur un point donné et ne sont effectivement employées que d'une manière temporaire à chaque station.

Art. 23. Les chaudières des machines locomobiles sont soumises aux mêmes épreuves et munies des mêmes appareils de sûreté que les générateurs établis à demeure ; toutefois, elles peuvent n'avoir qu'un seul tube indicateur du niveau de l'eau, en verre. Elles portent en outre une plaque sur laquelle sont gravés, en lettres très-apparentes, le nom du propriétaire, son domicile et un numéro d'ordre si le propriétaire en possède plusieurs.

Elles sont l'objet d'une déclaration adressée au préfet du département où est le domicile du propriétaire de la machine.

Art. 24. Aucune locomobile ne peut être employée sur une propriété particulière à moins de cinq mètres de tout bâtiment d'habitation et de tout amas découvert de matières inflammables appartenant à des tiers, sans le consentement formel de ceux-ci.

Le fonctionnement des locomobiles sur la voie publique est régi par les règlements de police locaux.

ART. 25. Les machines à vapeur locomotives sont celles qui, sur terre, travaillent en même temps qu'elles se déplacent par leur propre force.

ART. 26. Les dispositions de l'article 23 sont applicables aux chaudières des machines locomotives.

ART. 27. La circulation des locomotives sur les chemins de fer a lieu dans les conditions déterminées par des règlements d'administration publique.

Un règlement spécial fixera, s'il y a lieu, les conditions relatives à la circulation des locomotives sur les routes autres que les chemins de fer.

TITRE IV.

Dispositions générales.

ART. 28. Les ingénieurs des mines, ou, à leur défaut, les ingénieurs des ponts et chaussées ainsi que les agents sous leurs ordres commissionnés à cet effet sont chargés, sous la direction des préfets et avec le concours des autorités locales, de la surveillance relative à l'exécution des mesures prescrites par le présent décret.

ART. 29. Les contraventions au présent règlement sont constatées, poursuivies et réprimées, conformément à la loi du 21 juillet 1856, sans préjudice de la responsabilité civile que les contrevenants peuvent encourir, aux termes des articles 1382 et suivants du Code Napoléon.

ART. 30. En cas d'accident ayant occasionné la mort ou des blessures graves, le propriétaire ou le chef de l'établissement doit prévenir immédiatement l'autorité chargée de la police locale et l'ingénieur chargé de la surveillance.

L'autorité chargée de la police locale se transporte sur les lieux et dresse un procès-verbal, qui est transmis au préfet et au procureur impérial.

L'ingénieur chargé de la surveillance se rend également sur les lieux dans le plus bref délai, pour visiter les chaudières, en constater l'état et rechercher les causes de l'accident. Il adresse sur le tout un rapport au préfet et un procès-verbal au procureur impérial.

En cas d'explosion, les constructions ne doivent point être réparées et les fragments de la chaudière rompue ne doivent point être déplacés ou dénaturés avant la clôture du procès-verbal de l'ingénieur.

ART. 31. Les chaudières qui dépendent des services spéciaux de l'État sont surveillées par les fonctionnaires et agents de ces services. Leur établissement reste assujetti à la déclaration prévue par l'article 10 et à toutes les conditions d'emplacement et autres qui peuvent intéresser les tiers.

ART. 32. Les conditions d'emplacement prescrites pour les chaudières à demeure par le présent décret ne sont point applicables aux chaudières pour l'établissement desquelles il aura été satisfait à l'ordonnance royale du 22 mai 1843.

ART. 33. Les attributions conférées aux préfets des départements par le présent décret sont exercées par le préfet de police dans toute l'étendue de son ressort.

ART. 34. L'ordonnance royale du 22 mai 1843, relative aux machines et chaudières à vapeur autres que celles qui sont placées sur des bateaux, est rapportée.

ART. 35. Notre ministre secrétaire d'État au département de l'agriculture, du commerce et des travaux publics est chargé de l'exécution du présent décret, qui sera inséré au Bulletin des lois.

Fait au palais des Tuileries, le 25 janvier 1865.

Signé : NAPOLÉON.

Par l'Empereur :

Le Ministre secrétaire d'État au département de l'agriculture, du commerce et des travaux publics,

Signé : ARMAND BÉHIC.

III.

Loi concernant les contraventions aux règlements sur les appareils et bateaux à vapeur

(21 juillet 1856.)

NAPOLÉON, etc.

TITRE Ier.

Des contraventions relatives à la vente des appareils à vapeur.

A RT. 1er. Est puni d'une amende de 100 à 1,000 francs, tout fabricant qui a livré une chaudière fermée, ou toute autre pièce destinée à produire de la vapeur, sans qu'elle ait été soumise aux épreuves exigées par les règlements d'administration publique.

Est puni de la même peine, le fabricant qui, après avoir fait dans ses ateliers des changements ou des réparations notables à une chaudière ou à toute autre pièce destinée à produire de la vapeur, l'a rendue au propriétaire sans qu'elle ait été de nouveau soumise auxdites épreuves.

ART. 2. Est puni d'une amende de 25 à 200 francs, tout fabricant qui a livré un cylindre ou une pièce quelconque destinée à contenir de la vapeur, sans que cette pièce ait été soumise aux épreuves prescrites par lesdits règlements.

TITRE II.

Des contraventions relatives à l'usage des appareils à vapeur établis ailleurs que sur les bateaux.

ART. 3. Est puni d'une amende de 25 à 500 francs, quiconque a fait usage d'une machine ou chaudière à vapeur sur laquelle ne seraient pas appliqués les timbres constatant qu'elle a été soumise aux épreuves et vérifications prescrites par les règlements d'administration publique.

Est puni de la même peine, quiconque après avoir fait faire à une chaudière ou partie de chaudière des changements ou réparations notables, a fait usage de la chaudière modifiée ou réparée, sans en avoir donné avis au préfet, ou sans qu'elle ait été soumise de nouveau, dans le cas où le préfet l'aurait ordonné, à la pression d'épreuve correspondante au nombre du timbre dont elle est frappée.

ART. 4. Est puni d'une amende de 25 à 500 francs, quiconque a fait usage d'un appareil à vapeur sans être muni de l'autorisation exigée par les règlements d'administration publique.

L'amende est de 100 à 1,000 francs, si l'appareil à vapeur dont il a été fait usage sans autorisation, n'est pas revêtu des timbres mentionnés en l'article précédent.

Néanmoins l'amende n'est pas encourue, si dans le délai de deux mois, pour les appareils à placer dans l'intérieur des établissements, et de trois mois pour les appareils placés en dehors, il n'a pas été statué par l'administration sur l'autorisation demandée.

ART. 5. Celui qui continue à se servir d'un appareil à vapeur pour lequel l'autorisation a été retirée ou suspendue en vertu des règlements d'administration publique, est puni d'une amende de 100 à 2,000 francs, et peut être condamné, en outre, à un emprisonnement de trois jours à un mois.

ART. 6. Quiconque fait usage d'un appareil à vapeur autorisé, sans s'être conformé aux prescriptions qui lui ont été imposées en vertu desdits règlements, en ce qui concerne les appareils de sûreté dont les chaudières doivent être pourvues et l'emplacement de ces chaudières, ou qui continue à en faire usage, alors que les appareils de sûreté et les dispositions de local ont cessé de satisfaire à ces prescriptions, est puni d'une amende de 25 à 200 francs.

ART. 7. Le chauffeur ou mécanicien qui a fait fonctionner une machine ou chaudière à une pression supérieure au degré déterminé dans l'acte d'autorisation, ou qui a surchargé les soupapes d'une chaudière, faussé ou paralysé les autres appareils de sûreté, est puni d'une amende de 25 à 500 francs, et peut être, en outre, condamné à un emprisonnement de trois jours à un mois.

Le propriétaire, le chef de l'entreprise, le directeur, le gérant, ou le préposé par les ordres duquel a eu lieu la contravention prévue au présent article, est puni d'une amende de 100 à 2,000 francs, et peut être condamné à un emprisonnement de six jours à deux mois.

TITRE III.

Des contraventions relatives aux bateaux à vapeur et aux appareils à vapeur placés sur ces bateaux.

Le rapport du ministre des travaux publics annonce une révision prochaine de ce titre.

TITRE IV.

Dispositions générales.

ART. 19. En cas de récidive, l'amende et la durée de l'emprisonnement peuvent être élevées au double du maximum porté dans les articles précédents.

Il y a récidive lorsque le contrevenant a subi, dans les douze mois qui précèdent, une condamnation en vertu de la présente loi.

ART. 20. Si les contraventions prévues dans les Titres II et III de la présente loi ont occasionné des blessures, la peine sera de huit jours à six mois d'emprisonnement, et l'amende de 50 à 1,000 francs; si elles ont occasionné la mort d'une ou de plusieurs personnes, l'emprisonnement sera de six mois à cinq ans, et l'amende de 300 à 3,000 francs.

ART. 21. Les contraventions prévues par la présente loi sont constatées par les ingénieurs des mines, les ingénieurs des ponts et chaussées, les gardes-mines, les conducteurs et autres employés des ponts et chaussées et des mines, commissionnés à cet effet, les maires et adjoints, les commissaires de police, et en outre, pour les bateaux à vapeur, etc.

ART. 22. Les procès-verbaux dressés en exécution de l'article précédent sont visés pour timbre et enregistrés en débet.

Ceux qui ont été dressés par des agents de surveillance et gardes assermentés doivent, à peine de nullité, être affirmés dans les trois jours devant le juge de paix ou le maire, soit du lieu du délit, soit de la résidence de l'agent.

Lesdits procès-verbaux font foi jusqu'à preuve contraire. . . . . . .

ART. 23. L'article 463 du Code pénal est applicable aux condamnations prononcées en exécution de la présente loi.

DEUXIÈME PARTIE.

DISPOSITIONS DU DROIT COMMUN.

3.

DEUXIÈME PARTIE.

DISPOSITIONS DU DROIT COMMUN.

CODE NAPOLÉON.

TITRE PRÉLIMINAIRE.

Art. 1er. Les lois sont exécutoires dans tout le territoire français en vertu de la promulgation qui en est faite. Elles seront exécutées dans chaque partie du royaume, du moment où la promulgation en pourra être connue (1)....

(1)   *Ordonnance du 27 novembre 1816.*
Art. 1er. A l'avenir, la promulgation des lois et de nos ordonnances résultera de leur insertion au *Bulletin officiel.*

Art. 2. Elle sera réputée connue, conformément à l'article 1er du Code civil , un jour après que le *Bulletin des Lois* aura été reçu de l'imprimerie royale par notre chancelier, ministre de la justice , lequel constatera sur un registre l'époque de la réception.

Art. 3. Les lois et ordonnances seront exécutoire dans chacun des autres départements du royaume après l'expiration dudit délai, augmenté d'autant de jours qu'il y aura de fois

Art. 2. La loi ne dispose que pour l'avenir. Elle n'a point d'effet rétroactif.

Art. 3. Les lois de police et de sûreté obligent tous ceux qui habitent le territoire...

Art. 6. On ne peut déroger, par des conventions particulières, aux lois qui intéressent l'ordre public et les bonnes mœurs.

LIVRE III.

TITRE IV.

Des engagements qui se forment sans convention.

CHAPITRE II.

DES DÉLITS ET DES QUASI-DÉLITS.

Art. 1382. Tout fait quelconque de l'homme qui cause à autrui un dommage, oblige celui par la faute duquel il est arrivé, à le réparer.

dix myriamètres entre la ville où la promulgation en aura été faite et le chef-lieu de chaque département, suivant le tableau annexé à l'arrêté du 25 messidor an XI ou 13 août 1803.

Nota. — Le *Bulletin* renfermant le décret du 25 janvier 1865 a été reçu le 18 février au ministère de la justice et des cultes.

Art. 1383. Chacun est responsable du dommage qu'il a causé, non-seulement par son fait, mais encore par sa négligence, ou par son imprudence.

Art. 1384. On est responsable, non-seulement du dommage que l'on cause par son propre fait, mais encore de celui qui est causé par le fait des personnes dont on doit répondre, ou des choses que l'on a sous sa garde...

Les maîtres et les commettants sont responsables du dommage causé par leurs domestiques ou préposés dans les fonctions auxquelles ils les ont employés.

Art. 1386. Le propriétaire d'un bâtiment est responsable du dommage causé par sa ruine, lorsqu'elle est arrivée par une suite du défaut d'entretien ou par le vice de sa construction.

CODE DE PROCÉDURE CIVILE.

TITRE II.

Des ajournements.

Art. 57. La citation en conciliation interrompra la prescription et fera courir les intérêts, le tout pourvu que la demande soit formée dans le mois à dater du jour de la non-comparution ou de la non-conciliation.

Art. 59. En matière personnelle, le défendeur sera assigné devant le tribunal de son domicile ; s'il n'a pas de domicile, devant le tribunal de sa résidence ; s'il y a plusieurs défendeurs, devant le tribunal du domicile de l'un d'eux au choix du demandeur ; en matière réelle devant le tribunal de la situation de l'objet litigieux ; en matière mixte devant le juge de la situation ou devant le juge du domicile du défendeur ; en matière de société, tant qu'elle existe, devant le juge du lieu où elle est établie...

Art. 75. Le défendeur sera tenu, dans les délais de l'ajournement, de constituer avoué ; ce qui se fera par acte signifié d'avoué à avoué. Le défendeur ni le demandeur ne pourront révoquer leur avoué sans en constituer un autre...

TITRE IV.

De la communication au ministère public.

ART. 83. Seront communiquées au procureur du roi les causes suivantes :

1° Celles qui concernent l'ordre public;...

6°... Les causes des mineurs, et généralement toutes celles où l'une des parties est défendue par un curateur...

Le procureur impérial pourra néanmoins prendre communication de toutes les autres causes dans lesquelles il croira son ministère nécessaire; le tribunal pourra même l'ordonner d'office.

TITRE IX.

Des exceptions.

ART. 175. Celui qui prétendra avoir droit d'appeler en garantie sera tenu de le faire dans la huitaine du jour de la demande originaire, outre un jour pour trois myriamètres. S'il y a plusieurs garants intéressés en la même garantie, il n'y aura qu'un seul délai pour tous, qui sera réglé selon la distance du lieu de la demeure du garant le plus éloigné.

ART. 180. Si le demandeur originaire soutient qu'il n'y a lieu au délai pour appeler garant, l'incident sera jugé sommairement.

ART. 181. Ceux qui seront assignés en garantie seront tenus de procéder devant le tribunal où la demande originaire sera pendante, encore qu'ils dénient être garants...

ART. 182. En garantie formelle, pour les matières réelles ou hypothécaires, le garant pourra toujours prendre le fait et cause du garanti qui sera mis hors de cause s'il le requiert avant le premier jugement. Cependant le garanti, quoique mis hors de cause, pourra y assister pour la conservation de ses droits, et le demandeur originaire pourra demander qu'il y reste pour la conservation des siens.

ART. 183. En garantie simple, le garant pourra seulement intervenir sans prendre le fait et cause du garant.

TITRE XII.

Des enquêtes.

ART. 252. Les faits dont une partie demandera à faire preuve seront articulés succinctement par un simple acte de conclusion sans écritures ni requête. Ils seront également, par un simple acte, déniés ou reconnus dans les trois jours, sinon ils pourront être tenus pour confessés ou avérés.

ART. 253. Si les faits sont admissibles , qu'ils soient déniés et que la loi n'en défende pas la preuve, elle pourra être ordonnée.

ART. 254. Le tribunal pourra aussi ordonner d'office la preuve des faits qui lui paraîtront concluants, si la loi ne le défend pas.

ART. 293. L'enquête, déclarée nulle par la faute de l'avoué ou par celle de l'huissier, ne sera pas recommencée...

TITRE XIII.

Des descentes sur lieux.

ART. 295. Le tribunal pourra, dans les cas où il le croira nécessaire, ordonner que l'un des juges se transportera sur les lieux ; mais il ne pourra l'ordonner dans les matières où il n'échoit qu'un simple rapport d'experts, s'il n'en est requis par l'une ou par l'autre des parties.

ART. 301. Les frais de transport seront avancés par la partie requérante et par elle consignés au greffe.

TITRE XIV.

Des rapports d'experts.

Art. 302. Lorsqu'il y aura lieu à un rapport d'experts, il sera ordonné par un jugement, lequel énoncera clairement les objets de l'expertise.

Art. 306. L'expertise ne pourra se faire que par trois experts, à moins que les parties ne consentent qu'il soit procédé par un seul.

Art. 308. Les récusations ne pourront être proposées que contre les experts nommés d'office, à moins que les causes n'en soient survenues depuis la nomination et avant le serment.

Art. 310. Les experts pourront être récusés par les motifs pour lesquels les témoins peuvent être reprochés.

Art. 322. Si les juges ne trouvent point dans le rapport les éclaircissements suffisants, ils pourront ordonner d'office une nouvelle expertise par un ou plusieurs experts qu'ils nommeront également d'office et qui pourront demander aux précédents experts les renseignements qu'ils trouveront convenables.

Art. 323. Les juges ne sont point astreints à suivre l'avis des experts si leur conviction s'y oppose.

TITRE XV.

De l'interrogatoire sur faits et articles.

Art. 324. Les parties peuvent en toutes matières et en tout état de cause , demander de se faire interroger respectivement sur faits et articles pertinents, concernant seulement la matière dont est question, sans retard de l'instruction ni jugement.

TITRE XXII.

De la péremption.

Art. 397. Toute instance , encore qu'il n'y ait pas eu constitution d'avoué , sera éteinte par discontinuation de poursuites pendant trois ans.

LIVRE III.

TITRE UNIQUE.

Des arbitrages.

Art. 1003. Toutes personnes peuvent compromettre sur les droits dont elles ont la libre disposition.

Art. 1005. Le compromis pourrait être fait par procès-verbal devant les arbitres choisis , ou par acte devant notaire, ou sous signature privée.

Art. 1008. Pendant le délai de l'arbitrage, les arbitres ne pourront être révoqués que du consentement unanime des parties.

Art. 1010. Les parties pourront lors et depuis le compromis renoncer à l'appel.

Art. 1019. Les arbitres et tiers-arbitres décideront d'après les règles du droit , à moins que le compromis ne leur donne pouvoir de prononcer comme amiables compositions.

Art. 1022. Les jugements arbitraux ne pourront en aucun cas être opposés à des tiers.

INSTRUCTION CRIMINELLE.

Dispositions préliminaires.

Art. 3. L'action civile peut être poursuivie en même temps et devant les mêmes juges que l'action publique. — Elle peut l'être aussi séparément; dans ce cas, l'exercice en est suspendu tant qu'il n'a pas été prononcé définitivement sur l'action publique intentée avant ou pendant la poursuite de l'action civile.

Art. 4. La renonciation à l'action civile ne peut arrêter ni suspendre l'exercice de l'action publique.

LIVRE I.

De la police judiciaire et des officiers qui l'exercent.

Art. 11. Les commissaires de police, et dans les communes où il n'y en a point, les maires, au défaut de ceux-ci, les adjoints de maire rechercheront les contraventions de police; ils recevront les rapports, dénonciations et plaintes qui seront relatifs aux contraventions de police.

ART. 22. Les procureurs impériaux seront chargés de la recherche et de la poursuite de tous les délits dont la connaissance appartient aux tribunaux de police correctionnelle ou aux cours d'assises.

ART. 29. Toute autorité constituée, tout fonctionnaire ou officier public qui, dans l'exercice de ses fonctions, acquerra la connaissance d'un crime ou d'un délit, sera tenu d'en donner avis sur-le-champ au procureur impérial, près le tribunal dans le ressort duquel ce crime ou délit aura été commis ou dans lequel le prévenu pourrait être trouvé, et de transmettre à ce magistrat tous les renseignements, procès-verbaux et actes qui y sont relatifs.

ART. 43.Le procureur impérial se fera accompagner au besoin d'une ou de deux personnes présumées, par leur art ou profession, capables d'apprécier la nature et les circonstances du crime ou délit.

ART. 48. Les juges de paix, les officiers de gendarmerie, les commissaires généraux de police, recevront les dénonciations de crimes ou délits commis dans les lieux où ils exercent leurs fonctions habituelles.

ART. 50. Les maires, adjoints de maire et les commissaires de police recevront également les dénonciations.

ART. 63. Toute personne qui se prétendra lésée par un crime ou délit, pourra en rendre plainte et se constituer partie civile devant le juge d'instruction, soit du lieu du crime ou délit, soit du lieu de la résidence du prévenu, soit du lieu où il pourra être trouvé.

CHAPITRE II.

DES TRIBUNAUX EN MATIÈRE CORRECTIONNELLE.

Art. 179. Les tribunaux de première instance en matière civile connaîtront en outre, sous le titre de tribunaux correctionnels, de tous les délits dont la peine excède cinq jours d'emprisonnement et quinze francs d'amende.

Art. 194. Tout jugement de condamnation rendu contre le prévenu et contre les personnes civilement responsables du délit, les condamnera aux frais, même envers la partie publique; les frais seront liquidés par le même jugement.

Art. 199. Les jugements rendus en matière correctionnelle pourront être attaqués par la voie de l'appel.

Art. 201. L'appel sera porté à la cour impériale.

LIVRE II.

TITRE VII.

CHAPITRE V.

DE LA PRESCRIPTION.

Art. 636. Les peines portées par les arrêts ou jugements rendus en matière correctionnelle, se prescriront par cinq années révolues à compter de la date de l'arrêt ou du jugement rendu en dernier ressort, et à l'égard des peines prononcées par les tribunaux de première instance, à compter du jour où ils ne pourront plus être attaqués par la voie de l'appel.

Art. 642. Les condamnations civiles portées par les arrêts ou par les jugements rendus en matière criminelle, correctionnelle ou de police, et devenues irrévocables, se prescriront d'après les règles établies par le Code civil.

CODE PÉNAL.

Art. 4. Nulle contravention, nul délit, nul crime ne peuvent être punis de peines qui n'étaient pas prononcées par la loi avant qu'ils fussent commis.

Art. 10. La condamnation aux peines établies par la loi est toujours prononcée sans préjudice de restitutions et dommages-intérêts qui peuvent être dus aux parties.

Art. 55. Tous les individus condamnés pour un même crime ou pour un même délit, seront tenus solidairement des amendes , des restitutions , des dommages-intérêts et des frais.

Art. 60. Seront punis comme complices d'une action qualifiée crime ou délit ceux qui, par dons, promesses, menaces, abus d'autorité ou de pouvoir, machinations ou artifices coupables, auront provoqué à cette action ou donné des instructions pour la commettre.

Art. 319. Quiconque, par maladresse, imprudence, inattention, négligence, ou inobservation des règlements, aura commis involontairement un homicide ou en aura involontairement été la cause, sera puni d'un emprisonnement de trois mois à deux ans, et d'une amende de cinquante francs à six cents francs.

Art. 320. S'il n'est résulté du défaut d'adresse ou de précaution que des blessures ou des coups, le coupable sera puni de six jours à deux mois d'emprisonnement, et d'une amende de seize francs à cent francs, ou de l'une des deux peines seulement.

Art. 463. Les peines prononcées par la loi contre celui ou ceux des accusés reconnus coupables, en faveur de qui le jury aura déclaré les circonstances atténuantes, seront modifiées ainsi qu'il suit. . . Dans tous les cas où la peine de l'emprisonnement et celle de l'amende sont prononcées par le Code pénal, si les circonstances paraissent atténuantes, les tribunaux correctionnels sont autorisés, même en cas de récidive, à réduire ces deux peines comme suit : — Si la peine prononcée par la loi, soit à raison de la nature du délit, soit à raison de l'état de récidive du prévenu, est un emprisonnement dont le minimum ne soit pas inférieur à un an, ou une amende dont le minimum ne soit pas inférieur à cinq cents francs, les tribunaux pourront réduire l'emprisonnement jusqu'à six jours, et l'amende jusqu'à seize francs. Dans tous les autres cas, ils pourront réduire l'emprisonnement, même au-dessous de six jours, et l'amende même au-dessous

de seize francs. Ils pourront aussi prononcer séparément l'une ou l'autre de ces peines, et même subs-
tituer l'amende à l'emprisonnement, sans qu'en
aucun cas elle puisse être au-dessous des peines de
simple police.

TROISIÈME PARTIE.

COMMENTAIRE.

Table chronologique de toutes les lois, décrets, ordonnances et instructions ,
qui ont été publiées sur les machines à vapeur fixes ou locomotives.

4.

TROISIÈME PARTIE.

L'objet de ce commentaire n'est point de développer tous les principes du droit commun qui peuvent s'appliquer en matière de machines à vapeur, ni de discuter dogmatiquement telle ou telle difficulté spéciale. Le but des observations qui suivent est d'insister sur les mesures que le propriétaire de machines à vapeur doit prendre dans une circonstance donnée, et d'indiquer des solutions pratiques pour les difficultés qui peuvent se présenter. Nous avons cherché à satisfaire avant tout aux premières conditions d'un manuel : la clarté et la simplicité , qui peuvent seules lui permettre de servir de guide élémentaire et d'un usage facile. Ce ne peut être ni un traité de droit général, ni une discussion de thèses plus ou moins délicates.

I.

Etablissement d'une chaudière à vapeur dans une usine.

La première question à étudier lorsque l'on veut installer une machine à vapeur fixe est celle de l'emplacement qu'elle doit occuper.

Lorsque l'on se trouve au voisinage d'une maison d'habitation et que la chaudière est de la première catégorie, toutes les conditions sont énoncées dans l'article 14 du 25 janvier. Elles ne peuvent donner lieu à aucune difficulté, sauf dans le cas où la chaudière doit être placée dans l'angle formé par deux murs d'habitation voisine. Les distances légales se compteraient alors à partir de ces deux murs ; le plan d'installation doit être étudié avec soin pour que l'on soit assuré de satisfaire aux conditions multiples qui doivent être remplies dans ce cas. Mais, au point de vue légal, on ne sera jamais embarrassé, parce que le texte est très-clair et ne permet aucune incertitude.

Pour les chaudières de deuxième et troisième catégorie, il suffit de consulter les articles 15, 16 et 17, qui ne sauraient également donner lieu à aucune difficulté.

L'article 18 permet d'échapper à toutes les obligations d'emplacement, lorsque les tiers-intéressés renoncent à s'en prévaloir. Toute convention de ce genre ne peut d'ailleurs être valable que si le tiers contractant est capable de s'obliger. Toutes les règles du Code Napoléon, notamment celles des articles 1109 à 1130 doivent donc recevoir ici leur application. La gravité des conséquences que pourrait entraîner la nullité de cette obligation lorsque l'usine serait déjà en marche est telle que l'usinier devra toujours, en pareille matière, faire examiner le projet de convention par un notaire, par un conseil judiciaire, ou toute autre personne dont l'expérience peut lui servir de guide. Le mieux sera le plus souvent de se conformer exactement aux diverses conditions d'emplacement et d'éviter un traité avec les tiers-intéressés.

L'article 20 stipule que si postérieurement un terrain contigu est affecté à la construction d'une maison d'habitation, le propriétaire de la maison aura le droit d'exiger le déplacement d'une chaudière irrégulièrement établie. Cette obligation est absolue, et l'usinier n'aurait aucun moyen de s'y soustraire. Cette éventualité doit donc être soigneusement prévue, lorsque l'on installe des appareils à vapeur dans une usine nouvelle.

Les mêmes règles s'appliqueraient évidemment si, dans une usine déjà en marche, on augmentait la puissance des appareils à vapeur, de façon à ce que la catégorie dans laquelle ils sont rangés fût modifiée.

Les tiers-intéressés auront toujours le droit de

faire vérifier si cette substitution n'a pas été opérée à leur insu. L'usinier ne saurait s'y opposer en renvoyant à la déclaration qu'il a dû faire à la préfecture en vertu de l'article 10, parce que cette déclaration pourrait être fausse ou incomplète, et qu'elle n'offre par elle-même aucune garantie d'exactitude. Dans le cas où il voudrait fermer l'entrée de ses ateliers sous prétexte de secrets de fabrique, les tribunaux seraient appelés à nommer, à défaut d'une entente préalable, des experts qui auraient mission de vérifier ce point spécial, en accordant au besoin à l'usinier toutes les précautions nécessaires pour sauvegarder ses intérêts.

II.

La seconde obligation d'un usinier est la déclaration qu'il doit faire dans les bureaux de la préfecture en vertu de l'article 10.

Elle peut être faite à toute époque, *avant* la mise en marche des appareils ; le décret n'exige pas la mention que les chaudières ont été essayées, ni le dépôt d'un plan indiquant les détails d'installation, comme le demandait l'article 5 de l'ordonnance de 1843.

Il conviendra cependant que la déclaration renferme ces renseignements, que l'on ne peut d'ailleurs avoir aucun intérêt à dissimuler.

La force des appareils sera indiquée non plus en chevaux, comme sous le régime de l'ordonnance de 1843, mais par l'évaluation de la pression maximum par centimètre carré de surface, désignation beaucoup plus rationnelle et plus précise.

Enfin il est inutile d'indiquer la nature du combustible à employer. Le décret n'exige plus cette mention, qui serait d'ailleurs d'un intérêt secondaire, puisque à l'avenir tous les foyers devront être fumivores.

La déclaration doit être faite dans les bureaux de la préfecture et enregistrée. On réclamera un récipissé. Une déclaration verbale ou par lettre missive à l'ingénieur des mines serait donc sans valeur officielle, et ne dispenserait pas de la formalité exigée par l'article 10.

L'inobservation de cet article pourrait être punie d'une amende de vingt-cinq à cinq cents francs, par application des articles 3 et 4 de la loi du 21 juillet 1856.

III.

En dernier lieu, le propriétaire d'une machine à vapeur doit préalablement à toute mise en service la faire essayer ou s'assurer que l'essai a eu lieu précédemment par les soins du constructeur ou du vendeur de l'appareil. On se conformera pour cela aux articles 2, 3, 4, du décret, qui n'exigent aucune observation particulière.

L'obligation d'une épreuve officielle est imposée nommément au constructeur ou au vendeur par l'article 2 de ce décret; mais elle s'étend évidemment au propriétaire des appareils, qui est d'ailleurs atteint spécialement par l'article 3 de la loi de 1856.

Le décret de 1865 déroge en un point à la loi de 1856, qui punissait d'une amende de 25 à 200 fr. tout fabricant qui aurait livré une *pièce quelconque* destinée à contenir de la vapeur sans que cette pièce ait été soumise aux épreuves prescrites par les règlements. L'épreuve étant supprimée pour les pièces accessoires, l'article 2 de la loi est en fait abrogé.

Les tiers n'ont aucun intérêt direct à ce que le propriétaire d'un appareil à vapeur fasse la déclaration qui lui est imposée, ou provoque les épreuves officielles. Leurs intérêts ne peuvent en aucun cas être lésés par l'inobservation de ces règlements. Ils pourraient cependant dénoncer le fait au procureur impérial, suivant les indications générales des articles 30 et 31 du Code d'instruction criminelle, relatifs aux dénonciations.

IV.

La section des soupapes, les dimensions des appareils d'alimentation ne sont point réglementées. Il suffit, dit le décret, que ces organes soient *suffisants*. Les constructeurs ont donc de ce chef toute latitude.

L'article 6 de la loi de 1856, qui punit l'inobservation des règlements relatifs aux appareils de sûreté, est cependant toujours en vigueur, et il s'appliquerait si ces appareils étaient insuffisants. Il conviendra donc que tout acheteur de machine à vapeur stipule éventuellement la responsabilité du constructeur, de façon à être mis hors de cause s'il s'élevait des difficultés.

Les ingénieurs des mines et autres agents de surveillance sont naturellement appelés à vérifier si les appareils de sûreté établis sur une chaudière sont convenablement établis. La suppression du système des autorisations administratives a pour conséquence nécessaire le renvoi aux tribunaux ordinaires de toutes les difficultés qui peuvent être soulevées de ce chef. Les intéressés pourront alors invoquer tous moyens de défense, et par exemple demander qu'il soit nommé des experts sur le rapport desquels le tribunal statuera sans être lié par l'avis des agents de la surveillance administrative. Le rôle de l'administration et les droits qu'elle possède sont donc tout autres que sous le régime de l'ordonnance de 1843 qui permettait le retrait de l'autorisation sauf le recours au conseil d'État contre les arrêtés préfectoraux.

V.

L'obligation de brûler la fumée imposée par l'article 19, est un changement d'un autre genre à l'ancien état de choses. Ici, l'intérêt de l'administration est à peu près nul, et la sanction de l'obligation se trouvera dans les dommages-intérêts réclamés par les tiers en vertu de l'article 1382, du Code Napoléon. Il y aura généralement lieu, si le fait est contesté, à une enquête judiciaire, qui se fera d'après les règles du Code de procédure civile rappelées dans la deuxième partie.

L'obligation de brûler la fumée est absolue en principe ; en effet, il est toujours possible, lorsque le chauffeur est soigneux, d'éviter la fumée, même avec un foyer médiocre. Il est vrai que dans les mains d'un chauffeur ignorant ou négligent, le système le plus parfait ne sera point fumivore. Le propriétaire de machines à vapeur est donc assujetti à une grande vigilance.

En fait, les tribunaux auront une certaine latitude. Les droits des voisins ne sauraient être les mêmes évidemment dans une ville et dans un centre industriel qui s'est formé autour d'une usine importante, et n'existe qu'en raison de cette usine même. Des exigences trop rigoureuses au Creusot, à

Decazeville, par exemple, ou dans le voisinage d'une houillère, seraient aussi injustes que ridicules. Les tribunaux ont d'ailleurs, par la force même des choses, toute liberté d'appréciation. Il serait impossible de trouver une règle qui permît à *priori* de dire dans quels cas un foyer est assez fumivore, pour n'imposer aux voisins aucune gêne plus grande que les cheminées des foyers domestiques; une expertise seule permettra d'en juger dans chaque cas particulier, et la décision des tribunaux, quelle qu'elle soit, reposant uniquement sur l'appréciation d'un fait, échapperait au contrôle de la Cour de cassation.

VI.

Conditions relatives aux machines en service avant le décret de 1865.

Les lois et les ordonnances ne sont jamais rétroactives, et les droits acquis ne peuvent être supprimés sans les motifs les plus graves d'ordre et de sécurité publiques.

L'article 32 ne fait que rappeler ce principe général. Les usiniers peuvent donc se prévaloir d'une autorisation accordée sous le régime de l'ordonnance de 1843, toutes les fois qu'ils y trouveront intérêt, et dans la limite où cette autorisation était valable. Mais rien ne s'oppose à ce qu'ils invoquent, s'il y a lieu, le bénéfice du nouveau décret. En agissant ainsi, ils rentrent dans le droit commun.

La seule obligation nouvelle imposée par le décret de 1865 est celle de brûler la fumée des appareils à vapeur dans un délai de six mois. Pour Paris et le département de la Seine, ce délai de six mois court à partir du 18 février, date de la publication officielle dans le bulletin des lois ; dans les départements, il est augmenté des délais ordinaires de distance.

Dans le cas d'une modification apportée à la consistance de l'usine, qui aurait exigé sous l'empire de l'ordonnance de 1843 le renouvellement de la permission administrative, le bénéfice de l'ancienne autorisation disparaît naturellement, et l'usine rentre sous le coup du nouveau règlement.

VII.

Le décret du 15 octobre 1810, qui sert encore de base à toute la législation relative aux établissements insalubres et incommodes, avait prévu le cas où une usine dans laquelle une situation irrégulière était tolérée, parce qu'elle était antérieure à la nouvelle législation venait à chômer. Le décret de 1865 n'examine pas cette question, qui pourra cependant se présenter quelquefois. On doit donc pour la résoudre se reporter au décret de 1810.

L'article 13 de ce décret porte :

« Les établissements maintenus par l'article 11
« cesseront de jouir de cet avantage..... dès qu'il
« y aura une interruption de six mois dans leurs
« travaux, et ils ne pourront être remis en activité
« qu'après avoir obtenu, s'il y a lieu, une nou-
« velle permission. »

La sagesse de cette prescription ne saurait être contestée ; car après un chômage prolongé, des voisins de bonne foi ont pu avec raison croire l'usine abandonnée et faire des travaux auxquels nuirait la reprise de l'exploitation. Le décret de 1810 n'a pas été rapporté, et si les règlements spéciaux intervenus depuis cette époque sur les machines à vapeur ont rendu inutiles la plupart de ses prescriptions, sur ce point spécial qui n'a point été réformé, nous devrons encore l'appliquer.

C'est du reste ce que l'on a toujours fait sous l'empire de l'ordonnance de 1843.

Il subsistait alors une difficulté qui n'a pas été tranchée par les ordonnances et que l'on doit rappeler par conséquent. Le délai de six mois doit-il s'entendre au pied de la lettre, même en cas de force majeure, ou contrairement aux usages locaux ? Faut-il se conformer aveuglément aux termes du décret de 1810 ou à son esprit ? La question a été débattue au point de vue doctrinal, mais en fait une théorie trop absolue ne peut se soutenir.

Quelques exemples particuliers le feront sentir.

Dans une usine à fer, l'arbre des machines soufflantes se brise ; il faut arrêter l'usine, démonter la machine, commander souvent au loin un arbre de dimensions suffisantes (car on ne saurait être assujetti à avoir des pièces de rechange de cette importance), le transporter à l'usine, et remonter les machines soufflantes. Si le délai de six mois est dépassé, peut-on dire que les voisins ont pu croire de bonne foi à l'abandon de l'usine ?

Lorsque l'on emploie à la fois des moteurs hydrauliques et des moteurs à vapeur, à l'époque des basses eaux, la fabrication est nécessairement arrêtée. N'y a-t-il pas force majeure, que l'on ne peut invoquer contre l'usinier, lorsque le chômage se prolonge pendant plusieurs mois ?

Lorsque une usine est vendue et change de mains, l'exploitation peut en être suspendue pendant la réorganisation ; mais rien ne peut encore créer un droit nouveau au profit des tiers. *L'exercice actuel* des droits possédés par l'usine est suspendu, mais ils subsistent virtuellement dans toute leur intégrité. Il en sera de même en cas de grosses réparations, d'arrêt dû à une cause accidentelle, à des habitudes locales, à des exigences commerciales qui obligent à transformer la fabrication, à faire par exemple des tôles lorsque l'on était outillé pour produire des rails, etc.

La même solution ne pourrait s'appliquer dans le cas où par exemple une liquidation entraînerait le renvoi définitif des ouvriers et la clôture de l'usine ; de même, si une forge était transformée en ateliers de construction ou en filature, etc. Il y a eu, en fait et en droit, destruction de l'ancien établissement, création d'une nouvelle usine ; les droits et les priviléges ont péri avec la chose, et ne peuvent plus renaître contre les tiers.

C'est donc dans un examen direct des causes particulières du chômage que l'on doit chercher la solution des difficultés qui pourraient se présenter à ce sujet.

Telle est du reste la conséquence directe d'un arrêt de la Cour de cassation en date du 4 novembre 1848 : « Considérant que si l'article 13 du décret « de 1810 déclare déchus du bénéfice de l'article 11 « les établissements dont les travaux sont interrom- « pus pendant six mois, cette disposition ne saurait « être appliquée au rouissage du chanvre qui n'a « lieu régulièrement que pendant trois ou quatre « mois de chaque année ; qu'une telle interruption « commandée par la nature même des choses, « n'est point de celles qu'a eues en vue l'arti- « cle 13, etc. »

On pourrait encore s'appuyer sur un arrêt du conseil d'État en date du 3 mars 1825.

La preuve du chômage doit être faite d'ailleurs par les tiers intéressés à s'en prévaloir (conseil d'État, 6 juillet 1843).

VIII.

Responsabilité à la suite d'un accident.

Dans le cas où un accident a causé la mort ou des blessures graves, l'article 30 du décret indique très-clairement toutes les mesures à prendre. Nous insisterons seulement sur la nécessité de ne rien *déplacer*, *de ne rien changer à l'état des choses* avant la visite de l'ingénieur des mines, qui doit être prévenu sans retard. C'est une obligation rigoureuse qui n'est pas toujours observée, et l'on s'expose ainsi aux conséquences les plus graves.

La question de responsabilité est tout entière du ressort des tribunaux, et les intéressés peuvent à leur choix intenter l'action en réparation du préjudice causé, soit devant les tribunaux civils, soit devant les tribunaux criminels, saisis de l'action publique. La chose jugée au criminel n'est point un obstacle à l'exercice de l'action privée.

L'inculpé peut invoquer, s'il y a lieu, la force majeure ou le cas fortuit; mais il ne serait point admis à prétendre qu'il n'a agi que par les ordres ou comme représentant d'une autre personne. La responsabilité pourrait s'étendre dans certains cas; mais il n'y a jamais là un moyen de justification.

Pour qu'il y ait droit à une réparation, il faut du reste que le préjudice causé soit réel, actuel et immédiat, qu'il prenne directement sa source dans le fait délictueux.

Tous ces principes sont parfaitement évidents et n'ont besoin d'aucune explication.

Supposons, par exemple, qu'une chaudière n'ait pas été soumise aux épreuves officielles, qu'elle ne soit munie que d'appareils de sûreté tout à fait insuffisants, etc. Un ouvrier est brûlé parce qu'il a par mégarde ou fausse manœuvre ouvert un robinet ou soupape de vidange. Le propriétaire de la machine à vapeur pourra être poursuivi pour avoir négligé de se conformer aux règlements ; mais l'ouvrier ou ses parents n'auront aucun droit à réclamer une réparation civile.

TABLE CHRONOLOGIQUE

DES LOIS , ORDONNANCES ET INSTRUCTIONS

RELATIVES AUX

MACHINES A VAPEUR FIXES, LOCOMOBILES ET LOCOMOTIVES.

———

Nous empruntons à l'important recueil de M. Lamé Fleury, si bien connu de tous les ingénieurs, une table chronologique de toutes les lois, ordonnances et circulaires, relatives aux machines à vapeur autres que les machines de navigation. Indépendamment de son intérêt historique , elle permettra de retrouver toutes les dispositions qui réglaient à un moment donné l'usage des machines à vapeur. Cette table, qui s'arrêtait au 1er janvier 1857 , a été continuée jusqu'à la fin de l'année 1864.

1810. — 15 octobre. — Décret impérial relatif aux manufactures et ateliers qui répandent une odeur insalubre ou incommode.

1815. — 14 janvier. — Ordonnance royale contenant règlement sur les manufactures, établissements et ate-

liers qui répandent une odeur insalubre ou incommode.

1823. — 29 octobre. — Ordonnance royale relative aux
machines à vapeur à haute pression.

1824. — 19 mars. — Instruction du ministre de l'intérieur
sur les appareils à vapeur.

1828. — 7 mai. — Ordonnance royale portant règlement
pour les machines à vapeur à haute pression.

1828. — 12 juillet. — Instruction du ministre de l'intérieur
sur les appareils à vapeur.

1829. — 23 septembre. — Ordonnance royale portant règlement pour les machines à vapeur à haute pression.

1830. — 25 mars. — Ordonnance royale portant règlement
sur les appareils à vapeur.

1832. — 23 juillet. — Instruction du ministre de l'intérieur
concernant les appareils à vapeur.

1839. — 22 juillet. — Ordonnance royale concernant les
chaudières de locomotives.

1842. — 29 janvier. — Circulaire du sous-secrétaire d'État
des travaux publics. — Chaudières en fonte.

1842. — 12 octobre. — Circulaire du sous-secrétaire d'État
des travaux publics. — Action des eaux corro-
sives sur les chaudières à vapeur.

1842. — 27 octobre. — Circulaire du sous-secrétaire d'État
des travaux publics. — Explosions de chaudières
à vapeur.

1843. — 22 mai. — Ordonnance royale relative aux machines et chaudières à vapeur autres que celles
qui sont placées sur des bateaux.

1843. — 22 juillet. — Instruction du ministre des travaux
publics sur l'emploi des chaudières à vapeur établies à demeure.

1843. — 23 juillet. — Instruction du ministre des travaux
publics pour l'exécution de l'ordonnance royale du
22 mai précédent.

1843. — 24 juillet. — Circulaire du ministre des travaux publics. — Envoi de l'ordonnance du 22 mai précédent et d'instructions relatives à son exécution.

1844. — 15 janvier. — Circulaire du sous-secrétaire d'État des travaux publics. — Explosions de chaudières à vapeur.

1844. — 15 juin. — Ordonnance royale portant rectification de l'article 24 de l'ordonnance du 22 mai 1843.

1845. — 28 janvier. — Circulaire du sous-secrétaire d'État des travaux publics. — Poinçonnage des poids et leviers servant à charger les soupapes de sûreté.

1845. — 30 janvier. — Circulaire du sous-secrétaire d'État des travaux publics. — Cylindres sécheurs et autres récipients contenant de la vapeur.

1845. — 11 février. — Circulaire du sous-secrétaire d'État des travaux publics. — Calorifères à eau.

1845. — 28 octobre. — Circulaire du sous-secrétaire d'État des travaux publics. — Explosions de chaudières à vapeur.

1846. — 16 mars. — Circulaire du sous-secrétaire d'État des travaux publics. — Appareils manométriques des chaudières de machines locomotives.

1846. — 18 mai. — Circulaire du sous-secrétaire d'État des travaux publics. — Accidents d'appareils à vapeur.

1846. — 15 novembre. — Ordonnance royale concernant la police des chemins de fer.

1847. — 8 mars. — Circulaire du sous-secrétaire d'État des travaux publics. — Explosions de chaudières à vapeur.

1847. — 20 juillet. — Circulaire du sous-secrétaire d'État des travaux publics. — Envoi d'une instruction pratique sur les manomètres et thermomanomètres applicables aux chaudières de machines locomotives.

1847. — 15 septembre. — Circulaire du sous-secrétaire

1852. — 6 janvier. — Circulaire du ministre des travaux publics. — Épreuves des récipients mentionnés dans la circulaire du 30 janvier 1845.

1852. — 5 mars. — Circulaire du ministre des travaux publics. — Cylindres sécheurs. — Emplacement et diamètre des soupapes de sûreté.

1852. — 24 août. — Circulaire du ministre des travaux publics. — Accidents d'appareils à vapeur.

1852. — 26 août. — Circulaire du ministre des travaux publics. — Épreuves aux manomètres. — Position de l'ajutage réglementaire de la chaudière.

1852. — 31 août. — Circulaire du ministre des travaux publics. — Cylindres sécheurs et autres récipients de vapeur. — Simplification des formalités d'autorisation.

1852. — 30 novembre. — Circulaire du ministre des travaux publics. — Tolérance d'un tiers accordée sur l'épaisseur des corps cylindriques des chaudières de machines locomotives. — Soupapes de sûreté.

1853. — 22 mars. — Circulaire du ministre des travaux publics. — Proscription des fonds en fonte dans la construction des bouilleurs de chaudières à vapeur.

1856. — 21 juillet. — Loi pénale concernant les appareils et bateaux à vapeur.

1856. — 10 décembre. — Circulaire du ministre de l'agriculture, du commerce et des travaux publics. — Appareils employés dans les distilleries.

1856. — 10 décembre. — Circulaire relative aux chaudières tubulaires.

1858. — 24 mars. — Décret impérial qui rend exécutoires en Algérie divers décrets et ordonnances. — Établissements insalubres et incommodes.

1858. — 28 juin. — Circulaire relative aux calorifères à eau.

1858. — 13 juillet. — Circulaire relative aux appareils à vapeur. — Emploi du mastic de fonte.

1858. — 27 octobre. — Décret impérial relatif à l'organisation administrative de l'Algérie.

1860. — 12 juin. — Sénatus-consulte concernant la réunion à la France de la Savoie et de l'arrondissement de Nice.

1860. — 30 juin. — Circulaire relative aux accidents occasionnés par les machines dans les usines et manufactures.

1860. — 26 septembre. — Décret impérial relatif à la juridiction administrative des départements de la Savoie, de la Haute-Savoie et des Alpes-Maritimes.

1860. — 17 novembre. — Décret impérial relatif à l'exécution dans les départements de la Savoie, de la Haute-Savoie et des Alpes-Maritimes des réglements sur les établissements insalubres, dangereux ou incommodes.

1860. — 10 décembre. — Décret relatif à la haute administration de l'Algérie.

1861. — 26 juillet. — Circulaire relative aux chaudières en tôle d'acier fondu (épaisseur).

1861. — 21 décembre. — Circulaire relative aux chaudières en tôle d'acier fondu (rivets).

1861. — 22 décembre. — Circulaire relative aux chaudières en tôle d'acier fondu (épaisseur).

1862. — 27 juillet. — Décret impérial qui rend exécutoires en Algérie les lois et réglements sur la police, la sûreté et l'exploitation des chemins de fer.

TABLE DES MATIÈRES.

Paris. — Typ. de Ad. Lainé et J. Havard, rue des Saints-Pères, 19.

LIBRAIRIE POLYTECHNIQUE

DE

NOBLET ET BAUDRY

ÉDITEURS

—⚬∞⚬—

ARCHITECTURE

ARCHÉOLOGIE — BEAUX-ARTS

PONTS ET CHAUSSÉES

MINES — SCIENCE DE L'INGÉNIEUR

INDUSTRIE

PARIS ET LIÉGE

à PARIS, rue des Saints-Pères, 15;
à LIÉGE, place Saint-Paul, 6.

1863

Paris. — Typographie HENNUYER et FILS, rue du Boulevard, 7.

TABLE

DU CATALOGUE DE LA LIBRAIRIE POLYTECHNIQUE

DE NOBLET & BAUDRY

PREMIÈRE PARTIE

Architecture. — Archéologie. — Beaux-Arts.

<h1 style="text-align:center">AVIS</h1>

Indépendamment des ouvrages mentionnés dans ce catalogue, nous pouvons fournir toutes les publications françaises, belges, ou étrangères, qui intéressent MM. les INGÉNIEURS et ARCHITECTES, MM. les CHEFS D'USINES industrielles et CONDUCTEURS de travaux, MM. les ÉLÈVES DES ÉCOLES polytechnique et professionnelles.

Nous avons un atelier de gravure et nous entreprenons l'impression et la gravure des ouvrages sur les sciences et sur les arts, soit pour notre compte, soit pour le compte de MM. les auteurs, soit aussi pour les Compagnies de chemins de fer et d'exploitations industrielles.

Nous nous chargeons également de la vente de tous les ouvrages sur les sciences et sur les arts.

Les personnes qui désireraient examiner nos grands ouvrages, avant d'y souscrire, sont priées de nous en faire la demande ; ils leur seront envoyés en communication, à leurs frais.

Nous offrons toutes facilités de payement aux bibliothèques ou autres établissements publics et à toute personne bien connue.

Pour les demandes de peu d'importance, envoyer le prix des ouvrages, soit en timbres-poste, soit en un mandat sur la poste ou sur une maison de commerce.

CATALOGUE DE NOBLET & BAUDRY

PREMIÈRE PARTIE

Architecture. — Archéologie. — Beaux-Arts.

L'ART ARCHITECTURAL

EN FRANCE

DEPUIS FRANÇOIS Ier JUSQU'A LOUIS XIV

MOTIFS DE DÉCORATION INTÉRIEURE ET EXTÉRIEURE

DESSINÉS D'APRÈS DES MODÈLES EXÉCUTÉS ET INÉDITS

des principales époques de la Renaissance

COMPRENANT

Lambris, Plafonds, Voûtes, Cheminées,
Portes, Fenêtres, Escaliers, Grilles, Stalles, Autels, Chaires à prêcher,
Confessionnaux, Tombeaux, Vases, Candélabres, etc., etc.,

PAR

EUGÈNE ROUYER

Architecte, ancien inspecteur aux travaux du Louvre.

TEXTE

PAR ALFRED DARCEL

Attaché à la conservation des Musées impériaux, correspondant
du Comité des monuments historiques.

Plusieurs publications ont déjà été consacrées à l'Architecture française de la Renaissance, des auteurs éminents ont étudié l'art de cette période avec le plus grand succès, tant au point de vue archéologique que dans ses rapports avec l'esprit des seizième et dix-septième siècles ; mais aucun de ces ouvrages n'a traité spécialement d'une des parties les plus intéressantes de cet ordre de recherches, nous voulons parler des *décorations intérieures et extérieures*, des boiseries, des ameublements, etc., etc., de ces époques.

Nous avons jugé utile d'étudier, avec un soin particulier, cette partie dont la connaissance est devenue si nécessaire de nos jours.

Laissant de côté ce qui appartient à l'histoire ou à la légende pour n'envisager que la partie usuelle et pratique, nous venons offrir aux architectes, aux sculpteurs et aux peintres une publication qu'ils consulteront toujours avec fruit, qui facilitera leurs études chaque fois qu'ils seront appelés à édifier ou à restaurer un *monument*, un *château*, une *maison*.

Nos modèles sont tous compris dans la période qui s'étend de FRANÇOIS Ier à LOUIS XIV ; nos dessins peuvent revendiquer la plus rigoureuse authenticité ; tous sont empruntés à des monuments exécutés ; enfin, tous sont INÉDITS. On a pris soin, en outre, de les profiler avec la plus grande exactitude et d'en coter toutes les parties.

Chaque planche indiquera l'époque des constructions ou celle des détails qui y seront représentés.

Cet ouvrage se composera de 200 planches grand in-4° jésus, gravées sur acier par les meilleurs artistes de Paris, et accompagnées d'un texte et de tables.

LE PREMIER VOLUME EST COMPLET ; il comprend 100 planches, un texte et une table, et se vend séparément 100 francs.

Les nouveaux souscripteurs à l'ouvrage complet payeront le premier volume au prix ancien de 80 francs.

LE SECOND VOLUME se composera, comme le premier, de documents inédits des époques de François Ier à Louis XIV, et comprendra de plus les décorations intérieures les plus remarquables des époques de Louis XV et de Louis XVI.

Il se publie par livraisons de deux planches gravées sur acier, et formera 50 livraisons.

Une table et un texte seront joints aux dernières livraisons.

PRIX DE LA LIVRAISON : **1 FR. 60 C.**

La première livraison sera envoyée à l'examen aux personnes qui en feront la demande par lettre affranchie.

Les six premières livraisons du deuxième volume sont en vente.

PARALLÈLE

DES

MAISONS DE BRUXELLES

ET DES

PRINCIPALES VILLES DE LA BELGIQUE

construites depuis 1830 jusqu'à nos jours

REPRÉSENTÉES

EN PLANS, ÉLÉVATIONS, COUPES, DÉTAILS INTÉRIEURS ET EXTÉRIEURS

MESURÉES ET DESSINÉES

Par AUG. CASTERMANS, Architecte,

ET

PAR LES PLUS ÉMINENTS ARCHITECTES DE LA BELGIQUE.

———

Prouver par des faits que *l'architecture civile* a fait en
Belgique d'énormes progrès depuis 1830, et que ce pays peut
à juste titre revendiquer aussi dans cette branche importante
des beaux-arts l'autonomie de son école ; — donner aux jeunes
architectes, comme modèles à imiter et comme source fé-
conde d'inspirations, une riche collection des hôtels et maisons les plus dignes de remarque qui ont été construits depuis trente ans dans les principales villes et surtout dans la
capitale de ce royaume ; — mettre les propriétaires et constructeurs à même d'indiquer aux architectes qu'ils consul-
tent la manière dont ils désirent que leurs maisons soient
construites sous le rapport complexe du style, de la distribu-
tion, de la décoration, de leur convenance, etc., etc. ; — con-
tribuer à répandre dans les masses le goût du beau ; — enfin
remplir dans les bibliothèques une lacune qui s'y fait très-

souvent sentir : — tel est le but que nous nous sommes proposé par la présente publication ; nous espérons l'avoir atteint, grâce au concours aussi intelligent qu'empressé que nous avons rencontré, pour la réalisation de notre plan, de la part des architectes en renom et des propriétaires des belles maisons bourgeoises qui ont de droit leur place dans une pareille galerie.

En effet, il suffira, croyons-nous, d'examiner les planches de notre publication, pour convaincre les esprits les plus prévenus, ainsi que les admirateurs les plus exclusifs des anciennes écoles, que *l'architecture civile de la Belgique*, si dédaigneusement appelée *bourgeoise* par quelques critiques moroses, est enfin sortie des langes où l'ont si longtemps retenue les préoccupations révolutionnaires et guerrières ; on ne pourrait plus maintenant sans injustice lui reprocher la monotonie de ses lignes droites, la nudité de ses surfaces, la pauvreté de son ornementation, enfin l'absence des qualités qui constituent un style *sui generis*.

Afin de conserver à notre titre de *Parallèle* sa véritable signification, tous les sujets de notre collection sont aux mêmes échelles, c'est-à-dire aux 0,006 pour les plans, aux 0,012 pour les façades, et enfin aux 0,08 par mètre pour les détails extérieurs.

Cet ouvrage comprendra 240 planches grand in-folio raisin, gravées au trait et imprimées sur beau papier vélin.

LE PREMIER VOLUME EST COMPLET; il se compose de 120 planches, et se vend séparément : 100 francs.

Cependant, tant que le second volume ne sera pas terminé, les nouveaux souscripteurs à l'ouvrage complet payeront ce premier volume au prix de 80 francs.

LE SECOND VOLUME se composera, comme le premier, de 120 planches. Il se publie en 24 livraisons, composées chacune de 5 planches.

PRIX DE LA LIVRAISON : **3** FRANCS.

Les 16 premières livraisons sont en vente.

Ce second volume terminé, le prix en sera porté à 100 fr.

MUSÉE IMPÉRIAL DU LOUVRE

COLLECTION SAUVAGEOT

DESSINÉE ET GRAVÉE D'APRÈS LES ORIGINAUX

PAR

ÉDOUARD LIÈVRE

ACCOMPAGNÉE

D'UN TEXTE HISTORIQUE ET DESCRIPTIF

PAR A. SAUZAY
Conservateur-adjoint des Musées impériaux.

De toutes les collections particulières d'objets d'art, formées
en France, aucune ne jouit d'une réputation plus européenne
et surtout plus artistique que celle donnée si libéralement
au Musée impérial du Louvre par CHARLES SAUVAGEOT.

Cet illustre amateur fut un des premiers précurseurs de
la réhabilitation de l'art des quinzième, seizième et dix-septième siècles, si dédaigné alors; et avec son goût délicat, sa
diagnostique sûre, il put rassembler de ces chefs-d'œuvre
introuvables aujourd'hui, et que, dans cet âge d'or du col-
lectionneur, personne ne lui disputait.

Choisir un chef-d'œuvre parmi les chefs-d'œuvre renfermant tout ce que l'art a de plus fin et de plus délicat, telle
était sa seule préoccupation.

De ce but si bien tracé, et dont il ne s'écarta jamais, naquit cet ensemble impossible à trouver autre part, et qui forme à lui seul un cours complet sur l'art et l'industrie de la plus belle époque artistique.

Tel est tout le secret de la réputation européenne et méritée dont jouit cette collection.

Parmi tant de richesses diverses, nous nous sommes attachés à choisir les objets qui, par leur importance, leur caractère, leur réputation et leur belle exécution, appellent plus particulièrement l'attention des gens éclairés; nous avons donc limité notre œuvre au nombre de 120 planches qui formeront une réunion de chefs-d'œuvre dans laquelle seront dignement représentées : l'ivoirerie,— la verrerie,— l'émaillerie, — la bijouterie, — la sculpture en bois, — la serrurerie, — l'horlogerie.

Offrir un tel recueil, dont l'exécution artistique sera à la hauteur des objets qui y figureront, c'est rendre tout à la fois un service aux amateurs, aux artistes et à l'industrie ; car les uns y trouveront un souvenir ou un point de comparaison utile, et les autres une source inépuisable d'inspirations nouvelles.

CONDITIONS DE LA SOUSCRIPTION

L'ouvrage, imprimé sur très-beau papier in-folio, se publie en 30 livraisons comprenant 120 planches et paraissant de mois en mois.

Chaque livraison contient quatre planches gravées, tirées sur papier de Chine, et accompagnées d'un texte historique et descriptif.

PRIX DE LA LIVRAISON : **6** FRANCS.

Les six premières livraisons sont en vente.

MAISONS

ET

ÉCOLES COMMUNALES

DE LA BELGIQUE

REPRÉSENTÉES EN PLANS, ÉLÉVATIONS, COUPES, ETC.,

MESURÉES, PROFILÉES ET ACCOMPAGNÉES

D'UN TEXTE DESCRIPTIF ET EXPLICATIF

PAR

L. BLANDOT
Architecte.

L'attention sérieuse dont l'enseignement primaire est actuellement et universellement l'objet ; les sacrifices considérables que l'État et les communes savent s'imposer, pour mettre partout les locaux servant à l'instruction en harmonie avec les exigences pédagogiques de l'enseignement et la prescription de l'hygiène, donnent lieu de penser que bientôt les villes et les campagnes, jusqu'aux localités les plus modestes, seront amenées à construire les maisons d'école qui leur manquent.

Or, les plans relatifs à ce genre de constructions demandent à être étudiés avec un soin tout spécial ; et, à plus d'un point de vue, ils offrent des difficultés d'exécution , qu'un architecte habile parviendra sans doute à surmonter, mais que la pratique seule fait connaître. Nous avons cru faire chose utile en recherchant et en reproduisant les meilleures écoles construites dans les neuf provinces de la Belgique, et c'est ce recueil que nous publions aujourd'hui.

Nous nous y sommes déterminé par la pensée que notre œuvre peut être d'une utilité très-grande aux architectes et aux administrations communales. Celles-ci y trouveront, en effet, des plans longuement, sérieusement étudiés, et dont toutes les dispositions ont, après un examen minutieux, reçu l'approbation du gouvernement.

Cette publication se composera des plans, coupes et élévations de chaque école.

Un texte descriptif et explicatif sera donné gratuitement avec les dernières livraisons.

Les planches se divisent en huit catégories :

1° Écoles, avec logement d'instituteur, pour 30 à 40 enfants du premier âge (sexes réunis) ;

2° Écoles, avec logement d'instituteur, pour 80 à 110 enfants ;

3° Écoles, avec logement d'instituteur, pour 80 à 110 enfants, et avec une justice de paix ;

4° Écoles, avec logements d'instituteur et d'institutrice ; et avec salle communale, pour 150 enfants ;

5° Écoles, avec logements d'instituteur, d'institutrice, et salle communale, pour 150 enfants, et avec une justice de paix ;

6° Écoles pour les villes ;

7° Écoles gardiennes et salles d'asile de ville et de campagne ;

8° Maisons communales.

CONDITIONS DE LA SOUSCRIPTION

L'ouvrage, composé de 120 planches in-folio, sera publié en 12 livraisons de 10 planches chacune.

Une livraison paraîtra tous les deux mois. La dernière livraison contiendra le texte de tout l'ouvrage.

PRIX DE L'OUVRAGE COMPLET : **60** FRANCS.

Aucune livraison ne sera vendue séparément.

Pour paraître prochainement :

TEMPLE DE JÉRUSALEM

MONOGRAPHIE
DU HARAM-ECH-CHÉRIF
(MOSQUÉE D'OMAR)

PAR

M. le comte MELCHIOR DE VOGÜÉ

Vues, Coupes, Élévations, Sculptures,
Ornementation en couleur,
Mosaïques, Vitraux et Carreaux émaillés.

Un volume in-4°, avec gravures sur bois,
et un ATLAS in-folio de 40 planches, dont 15 en couleur.

Le Haram-ech-Chérif est l'ancienne plate-forme du *Temple de Salomon*, agrandie par Hérode. On y trouve : — de nombreux restes du TEMPLE JUIF qui permettent de restaurer ce monument célèbre ; — des monuments de l'époque chrétienne primitive ; — deux grandes mosquées, dont la rotonde dite MOSQUÉE D'OMAR, monument du septième siècle, est ornée de mosaïques des septième et dixième siècles, de ferronneries françaises du douzième siècle, de vitraux et faïences arabes du seizième siècle.

M. le comte de Vogüé et M. Duthoit, architecte, son compagnon de voyage, sont les premiers artistes qui aient pu relever complétement ce curieux ensemble, qui embrasse une période architecturale de vingt-cinq siècles.

2.

VILLA MÉDICIS

ET

ACADÉMIE DE FRANCE A ROME

OUVRAGE

composé de 19 planches et de 30 feuilles de texte grand in-folio

PAR

VICTOR BALTARD

**Architecte du gouvernement,
ancien pensionnaire de l'Académie de France à Rome.**

L'OUVRAGE COMPLET : **45** FRANCS.

Les planches comprenant les plans, les coupes, les élévations de l'édifice, des détails de peinture, de sculpture et d'architecture, des vues perspectives, sont gravées par Aubert père, J. Bein, Hibon, Leisnier, Lemaître, Ollivier, Varin.

Le texte est divisé en deux parties, la première ayant pour objet l'histoire du palais et de la villa Médicis ; la seconde, la publication des faits historiques qui se rattachent à l'institution du grand prix de Rome, depuis sa fondation, en 1665, les règlements, les statuts, les listes des prix, jusqu'en 1859, les noms des directeurs, etc.

Les éditeurs ayant acquis la propriété de cette publication, cet ouvrage ne se trouvera désormais que dans leur maison.

PRINCIPES

DU STYLE GOTHIQUE

EXPOSÉS

d'après des documents authentiques du moyen âge

PAR

FRÉDÉRIC HOFSSTADT

OUVRAGE TRADUIT DE L'ALLEMAND

Un fort volume in-8° de texte

et un Atlas in-folio de 40 planches.

L'OUVRAGE COMPLET : **30** FRANCS.

Depuis que les monuments du moyen âge ont été sérieusement étudiés par les savants et les artistes, le mérite de l'architecture gothique a été de plus en plus constaté.

Toutefois, on ne s'est point arrêté à la simple reconnaissance du mérite et à l'admiration des chefs-d'œuvre de cet art qui, depuis longtemps, avait été déprécié, sinon abandonné ; mais, dans bien des contrées, on a essayé de le faire revivre et de le remettre en pratique. Si, aux yeux des connaisseurs, peu de ces essais ont réussi, il est facile d'en expliquer les causes.

Nous possédons quantité de recueils précieux, qui offrent un choix varié des principaux monuments gothiques ; mais quand il s'agissait d'exécuter quelque ouvrage dans ce style, on s'est contenté d'emprunter à divers modèles les détails qui paraissaient convenir le mieux, pour en faire un ensemble. On conçoit que de cette manière il était impossible de produire d'un seul jet un chef-d'œuvre de l'art ; et cela d'autant moins qu'on s'est toujours borné à une apparence superficielle, sans s'inquiéter du fond, c'est-à-dire des formes fondamentales qui donnent à cette architecture le caractère qui lui est propre. Si, de plus, on considère que depuis longtemps le style antique a seul fait loi dans les arts ; que, malgré la publicité tant vantée des études artistiques, et malgré le réveil du goût pour le gothique, l'étude de ce style a été exclue de tout enseignement ; enfin, que jusqu'ici il n'a existé aucun ouvrage élémentaire d'après lequel l'artiste et l'ouvrier auraient pu se guider ; certes, on ne saurait reprocher à ceux-ci les défauts qui se trouvent dans les constructions qu'ils ont exécutées. Par contre, les jeunes artistes mériteraient un reproche sévère, s'ils ne reconnaissaient, dès à présent, leur plus belle vocation dans l'étude d'un art qui a doté tous les pays civilisés de l'Europe de tant de chefs-d'œuvre dignes de leurs méditations.

Le présent ouvrage doit leur faciliter cette tâche et remplir les lacunes qui viennent d'être signalées. Qu'on ne s'attende pas à y trouver des copies d'anciens modèles, mais des productions et des constructions déduites des principes auxquels les anciens maîtres se sont attachés, et qui donnent la clef de l'étude de ce style. Sans l'étude approfondie et sans l'application de ces principes, toute régénération du style gothique devient impossible.

L'auteur ne s'est point borné à l'architecture seule ; mais il a eu égard à toutes les industries qui, pour leurs productions respectives, peuvent tirer un parti avantageux du style gothique. Il ose espérer qu'à l'aide des principes qu'il a développés dans cet ouvrage, l'architecte, l'artiste et l'ouvrier qui voudront en profiter sauront, par eux-mêmes, composer et exécuter, dans ce style, les travaux de tout genre dont ils pourront être chargés.

TYPES

D'ARCHITECTURE GOTHIQUE

empruntés aux édifices les plus remarquables

CONSTRUITS EN ANGLETERRE

PENDANT LES DOUZIÈME, TREIZIÈME, QUATORZIÈME, QUINZIÈME ET SEIZIÈME SIÈCLES

et représentés

EN PLANS, ÉLÉVATIONS, COUPES & DÉTAILS GÉOMÉTRAUX

DE MANIÈRE A COMPLÉTER L'ÉTUDE

et à faciliter la construction pratique des diverses variétés du style ogival

PAR A.-W. PUGIN

Architecte-archéologue.

Ouvrage traduit de l'anglais

PAR L. DELOBEL

Lieutenant-colonel d'artillerie,

ET PUBLIÉ AVEC AUTORISATION DE L'AUTEUR.

—————

3 volumes grand in-4°,

contenant 225 planches, avec 300 pages de texte.

L'OUVRAGE COMPLET : **120** FRANCS.

—————

En architecture plus qu'en aucune autre branche des beaux-arts, le goût ne peut se former qu'à l'école des grands maîtres, c'est-à-dire que l'aptitude à l'intelligence du beau réel ne s'acquiert que par l'étude et par la comparaison des chefs-d'œuvre que ces maîtres nous ont légués. C'est surtout en ce qui concerne le style chrétien du moyen âge, si improprement appelé architecture gothique, qu'il faut à l'artiste chargé de composer ou restaurer un édifice de l'espèce, non-seulement la connaissance parfaite des vrais principes de ce style, mais encore celle approfondie des monuments types dont l'analyse a conduit les archéologues modernes à la découverte de ces mêmes principes.

Il serait difficile de pouvoir mettre sous les yeux de nos architectes et archéologues un guide plus sûr, un modèle plus méthodique, plus parfait comme exécution et plus riche en sujets de comparaison, que l'ouvrage par lequel le célèbre A.-W. Pugin a terminé les nombreux travaux qui lui assurent à jamais la reconnaissance des amis de l'art chrétien ; car, ainsi que le rappelait naguère une revue littéraire à propos de la cathédrale de Cologne : « Pugin a consacré de « longues années à visiter les monuments gothiques de l'An- « gleterre et du continent, et il a sauvé par son infatigable « crayon plus d'un édifice précieux condamné à périr avant « que la planche qui devait le représenter fût publiée ; » à quoi nous devons ajouter que Pugin a beaucoup contribué, par la juste influence de son talent, à ramener ses contemporains aux traditions du vrai style gothique et arrêter dans leur zèle, plus enthousiaste qu'éclairé, les amateurs de gothique moderne et les restaurateurs de nos anciens monuments.

ANTIQUITÉS ARCHITECTURALES

DE LA NORMANDIE

CONTENANT LES MONUMENTS LES PLUS REMARQUABLES

DE CETTE CONTRÉE

SUR L'ARCHITECTURE BYZANTINE ET OGIVALE

ET PRÉSENTÉS

EN PLANS, ÉLÉVATIONS, COUPES

VUES PERSPECTIVES INTÉRIEURES ET EXTÉRIEURES

PAR A. PUGIN

Architecte-archéologue.

Traduit de l'anglais avec approbation

PAR A. LEROY
Membre de la Société française d'archéologie,
Professeur à l'Université de Liége.

L'ouvrage complet se compose de 78 planches grand in-4°, dont
plusieurs doubles, avec texte in-4°.

L'OUVRAGE COMPLET : **40** FRANCS.

Nouvelle et dernière publication.

MOTIFS ET DÉTAILS CHOISIS

D'ARCHITECTURE GOTHIQUE

EMPRUNTÉS

AUX ANCIENS ÉDIFICES DE L'ANGLETERRE

PAR A.-W. PUGIN
Architecte-archéologue.

TEXTE HISTORIQUE ET DESCRIPTIF

PAR E.-J. WILSON

Traduit avec autorisation et annoté

PAR A. LEROY
Professeur à l'Université de Liége.

Les *Motifs* et *Détails* sont divisés en quarante livraisons.

PRIX DE LA LIVRAISON : **2** FRANCS.

PRIX DE L'OUVRAGE COMPLET : **80** FRANCS.

Le premier volume est paru ; le deuxième paraîtra en 1863.

ART CHRÉTIEN

MODÈLES DE MEUBLES

DANS LE STYLE DU XIIᵉ AU XVᵉ SIÈCLE

A l'usage des Architectes, Sculpteurs, Ornemanistes, Ebénistes, Menuisiers, etc.,

PAR

A.-W. PUGIN

Architecte-archéologue,

ET PUBLIÉS AVEC AUTORISATION

Un volume in-4º de 24 planches.

PRIX : **8** FRANCS.

MODÈLES DE FERRONNERIE

SERRURERIE & BRONZERIE

A l'usage des Architectes, Sculpteurs, Ornemanistes, Grilletiers, Lampistes, Serruriers, Fondeurs, etc., etc.,

PAR A.-W. PUGIN

Architecte-archéologue,

ET PUBLIÉS AVEC AUTORISATION

Un volume grand in-4º de 27 planches.

PRIX : **8** FRANCS.

MODÈLES D'ORFÉVRERIE

D'ARGENTERIE, DE DINANDERIE, ETC.,

A L'USAGE DES ARCHITECTES,

SCULPTEURS, ORNEMANISTES, ORFÉVRES, SERRURIERS, FONDEURS, PENDULISTES,

LAMPISTES, ETC.,

PAR A.-W. PUGIN

Architecte-archéologue.

———

Un volume grand in-4° de 27 planches.

PRIX : **8** FRANCS.

ÉGLISE NOTRE-DAME A HUY

REPRÉSENTÉE

EN PLANS, ÉLÉVATIONS, COUPES ET DÉTAILS GÉOMÉTRAUX

PAR

VIERSET-GODIN

Architecte.

AVEC TEXTE HISTORIQUE ET DESCRIPTIF

PAR ÉD. LAVALLEYE

Professeur d'archéologie à l'Académie des arts à Liége.

———

MONUMENT GOTHIQUE DU SEIZIÈME SIÈCLE

restauré sous la direction et d'après les plans de l'auteur.
approuvé par la Commission royale des monuments de Belgique.

———

Grand in-folio de 20 planches avec texte in-folio.

L'OUVRAGE COMPLET : **25** FRANCS.

COLLECTION

DES PLUS BELLES

COMPOSITIONS DE LEPAUTRE

GRAVÉES

Par DECLOUX, architecte, et DOURY, peintre.

---

100 planches in-folio.

PRIX, RELIÉ : **60** FRANCS.

Cette publication, de l'époque de Louis XIV, gravée sur acier, donne les principales compositions de ce grand maître, qui sont une source intarissable de documents pour l'architecte, le sculpteur, le peintre et pour tous ceux qui s'occupent d'ornementation.

PORTEFEUILLE HISTORIQUE

DE L'ORNEMENT

Recueil complet des meilleurs motifs dessinés et gravés

D'APRÈS LES ANCIENS MAITRES

PAR METZMACKER

Un volume grand in-folio, composé de 32 planches, gravées avec soin et imprimées sur papier de Chine.

PRIX : **32** FRANCS.

MONITEUR DES ARCHITECTES

RECUEIL

DE MAISONS DE VILLE ET DE CAMPAGNE,

ÉDIFICES PUBLICS, DÉTAILS DE MENUISERIE, SERRURERIE,

MAÇONNERIE, CHARPENTE, MARBRERIE, ETC., ETC.,

D'APRÈS LES CONSTRUCTIONS

DES PREMIERS ARCHITECTES

Un volume composé de 12 planches grand in-4º jésus,
et 16 colonnes de texte, paraît tous les deux mois.

6 FASCICULES PAR AN. PRIX : **25** FRANCS.

18ᵉ ANNÉE.

LE NAPOLÉONIUM

MONOGRAPHIE

DES PALAIS DU LOUVRE ET DES TUILERIES

HISTOIRE ARCHÉOLOGIQUE ET MONUMENTALE

Depuis Philippe-Auguste jusqu'à Napoléon III

DESSINÉE D'APRÈS NATURE ET D'APRÈS LES DESSINS COMMUNIQUÉS

PAR

MM. DUBAN, VISCONTI, ETC.

L'ouvrage complet de **64** planches in-4º grand colombier, et texte.

PRIX : **60** FRANCS.

SUR PAPIER DE CHINE : **80** FRANCS.

HISTOIRE DE L'ARCHITECTURE

DE TH. HOPE

Traduite de l'anglais par A. BARON

Chevalier de la Légion d'honneur, professeur à l'Université de Liége,
membre de l'Académie royale de Belgique.

Deux volumes grand in-8º, dont un de texte, et le deuxième
contenant 98 planches.

PRIX DES DEUX VOLUMES : **20** FRANCS.

BATIMENTS DES STATIONS

ET MAISONS DE GARDE

DES CHEMINS DE FER DE DENDRE-ET-WAES, D'ATH A LOKEREN
ET DE BRUXELLES VERS GAND PAR ALOST

PAR

J.-P. CLUYSENAAR

Membre du Conseil impérial d'hygiène publique, de l'Institut royal
des architectes anglais, etc., etc.

Élévations avec Plans, Coupes et Détails d'ornementation.

---

1 volume in-4º composé de 32 planches imprimées en couleurs,
avec texte.

PRIX, RELIÉ : **36** FRANCS.

MAISONS DE CAMPAGNE

CHATEAUX

FERMES, MAISONS DE JARDINIER, DE GARDE-CHASSE ET D'OUVRIERS, ETC.,

EXÉCUTÉS EN BELGIQUE

PAR

J.-P. CLUYSENAAR.

1 volume grand in-4° de 50 planches en couleurs, avec texte.

PRIX, RELIÉ : **40** FRANCS.

DESCRIPTION

DE

LA FERME MODÈLE

A NIVEZÉ - LEZ - SPA

Vues, Plans, Élévations, Coupes et Détails d'une Ferme modèle

AVEC ÉCURIES DE CHEVAUX DE MAITRE

CONSTRUITE

PAR AD. THIRION

Architecte à Vervins.

Atlas grand in-folio de 15 planches en couleurs.

PRIX : **20** FRANCS.

BAINS ET LAVOIRS PUBLICS

PLANS, ÉLÉVATIONS ET DÉTAILS

D'UN ÉTABLISSEMENT ÉLEVÉ A BRUXELLES

ET D'AUTRES ÉTABLISSEMENTS PROJETÉS

POUR DIVERSES LOCALITÉS

PAR WYNAND JANSSENS
Architecte.

—

Douze planches petit in-folio.

PRIX : **12** FRANCS.

LE PALAIS DE L'INDUSTRIE

ET SES ANNEXES

Description raisonnée et détaillée (cotes, poids, etc.)

DU SYSTÈME DE CONSTRUCTION

EN FONTE ET EN FER, AVEC ENVELOPPE EN MAÇONNERIE

ADOPTÉ DANS CES BATIMENTS

PAR

ALEXIS BARRAULT	**GUSTAVE BRIDEL**
Ingénieur en chef du palais et de ses annexes.	Ingénieur, chargé de la conduite des travaux.

50 planches grand in folio, avec texte in-folio.

PRIX : **30** FRANCS.

LES

MONUMENTS DE LIÉGE

RECONSTRUITS, AGRANDIS ET RESTAURÉS

PAR

J.-G. DELSAUX

Architecte de la province et du palais de Liége,
Membre honoraire et correspondant de l'Institut royal
des architectes britanniques, etc.

PLANS, COUPES, ÉLÉVATIONS ET DÉTAILS

Un volume grand in-plano, avec texte.

PRIX : **25** FRANCS.

Le Palais de Liége, 6 planches. — La Cathédrale, 6 planches. — L'église Sainte-Croix, 4 planches. — L'église Saint-Martin, 4 planches.

TRAITÉ THÉORIQUE ET PRATIQUE

SUR

LA RÉSISTANCE DES MATÉRIAUX

DANS LES CONSTRUCTIONS

PAR ROFFIÆN

Un volume in-8º de 380 pages, avec planches.

PRIX : **12** FRANCS.

CATALOGUE DE NOBLET ET BAUDRY

DEUXIÈME PARTIE

Science de l'Ingénieur. — Industrie.

AVIS

Indépendamment des ouvrages mentionnés dans ce catalogue, nous pouvons fournir toutes les publications françaises, belges, ou étrangères, qui intéressent MM. les INGÉNIEURS et ARCHITECTES, MM. les CHEFS D'USINES industrielles et CONDUCTEURS de travaux, MM. les ÉLÈVES DES ÉCOLES polytechnique et professionnelles.

Nous avons un atelier de gravure et nous entreprenons l'impression et la gravure des ouvrages sur les sciences et sur les arts, soit pour notre compte, soit pour le compte de MM. les auteurs, soit aussi pour les Compagnies de chemins de fer et d'exploitations industrielles.

Nous nous chargeons également de la vente de tous les ouvrages sur les sciences et sur les arts.

Les personnes qui désireraient examiner nos grands ouvrages, avant d'y souscrire, sont priées de nous en faire la demande ; ils leur seront envoyés en communication, à leurs frais.

Nous offrons toutes facilités de payement aux bibliothèques ou autres établissements publics et à toute personne bien connue.

Pour les demandes de peu d'importance, envoyer le prix des ouvrages, soit en timbres-poste, soit en un mandat sur la poste ou sur une maison de commerce.

CATALOGUE DE NOBLET & BAUDRY

DEUXIÈME PARTIE.

Science de l'Ingénieur. — Industrie.

REVUE UNIVERSELLE

DES MINES, DE LA MÉTALLURGIE

DES TRAVAUX PUBLICS

DES SCIENCES ET DES ARTS,

APPLIQUÉS A L'INDUSTRIE

PUBLIÉE SOUS LA DIRECTION DE

M. A.-C. DE CUYPER

Docteur en sciences,
ancien capitaine du génie, professeur ordinaire à la Faculté des sciences
de l'Université de Liége,
inspecteur des études à l'Ecole des arts et manufactures et des mines,
chevalier de l'ordre de Léopold, etc.

La *Revue universelle des Mines* vient de faire paraître le deuxième cahier de son treizième volume. Les mémoires originaux qu'elle a publiés sur les branches principales des sciences et des arts industriels justifient des efforts consciencieux de la Direction pendant les six années écoulées depuis sa création, pour remplir les conditions de son programme.

L'EXPLOITATION DES MINES, — la MÉTALLURGIE, — les ARTS CHIMIQUES et MÉCANIQUES, — les CONSTRUCTIONS, ont successivement fait l'objet des études des professeurs et des ingénieurs qui veulent bien soutenir ce recueil par leur collaboration.

La publication des MÉMOIRES COURONNÉS par l'Association des Ingénieurs sortis de l'Ecole de Liége vient aujourd'hui agrandir le cercle de ses travaux.

Dans les douze volumes de la *Revue universelle* qui ont paru jusqu'à ce jour, on trouve les articles principaux des publications techniques étrangères, donnés par voie de traductions complètes ou d'analyses.

A côté de la REVUE DES SOCIÉTÉS SAVANTES *de France et de l'industrie française,* confiée à M. A. Boucard, ingénieur civil, est venu se placer, depuis le 14 décembre 1859, le BULLETIN SEMESTRIEL *des travaux d'exploitation des mines, de métallurgie et de constructions,* par M. Grateau, ingénieur civil des mines.

Il restait une dernière lacune à combler pour remplir le cadre de notre recueil : le concours d'un ingénieur dont les articles littéraires et les travaux techniques sont également appréciés, M. Simonin, nous a permis d'aborder, en 1862, l'examen des questions importantes que soulève la lutte de la liberté industrielle et commerciale contre le système de prohibition et de protection. Depuis, cet ingénieur, retenu en Italie par une mission industrielle, a dû interrompre l'œuvre qu'il avait commencée ; et, aujourd'hui qu'il est à la veille d'entreprendre un voyage d'exploration au delà des mers, il doit y renoncer entièrement.

Si nous regrettons vivement la perte d'une collaboration aussi utile, nous sommes heureux de pouvoir annoncer que, grâce au dévouement de M. Jordan, ingénieur des arts et manufactures, la *Revue universelle* pourra reprendre, dans le troisième numéro de cette année, la REVUE ÉCONOMIQUE, JURIDIQUE ET ADMINISTRATIVE DES MINES ET DE LA MÉTALLURGIE EN FRANCE. Dans l'étude de ces questions, elle restera fidèle aux principes de liberté qui doivent amener l'affranchissement de l'industrie.

L'Exposition internationale de Londres a été le grand événement industriel de 1862. La *Revue universelle* a donné l'étude des machines motrices qui ont figuré à ce grand concours, ainsi que celle de la partie des mines et du travail des métaux. Elle fera connaître les progrès réalisés dans d'autres branches du travail industriel.

Cet exposé succinct de la situation de la *Revue universelle*, complété par la Table générale des matières des douze premiers volumes [1], nous permet de recommander ce recueil comme une œuvre utile aux ingénieurs et aux industriels.

Les Éditeurs.

PRIX DE L'ABONNEMENT ANNUEL

Pour Paris et Liége................ **25** francs.
Pour les départements et la province.. **28** —
Un numéro...................... **6** —

L'abonnement commence en janvier de chaque année et se compose de six livraisons, formant pour chaque année 2 volumes grand in-8° de 600 à 700 pages, avec 40 ou 50 planches.

La *septième année* (1863) est en cours de publication.

---

[1] La Table générale des douze premiers volumes sera envoyée par la poste à toute personne qui en fera la demande par lettre affranchie.

4.

Indépendamment des résumés, analyses et citations qui font partie de ses divers bulletins, la *Revue universelle des mines, de la métallurgie*, etc., a donné des Mémoires originaux et des articles traduits des Revues étrangères sur les matières qui suivent :

Métallurgie. — Exploitation des mines. — Fabrication du fer et de l'acier, du cuivre, du plomb, du zinc, de l'étain, de l'aluminium, etc. — Préparation mécanique des minerais. — Combustibles, etc.

Travaux publics. — Constructions. — Résistance des matériaux. — Mécanique appliquée aux constructions. — Chemins de fer. — Travaux maritimes, etc.

Arts chimiques. — Travaux d'analyse. — Produits chimiques. — Teinture, verrerie, poterie, sucrerie et distillerie. — Huiles et graines. — Éclairage, etc.

Physique industrielle. — Combustibles. — Chaleur, théorie et application, etc.

Arts mécaniques. — Machines à vapeur. — Appareils de sûreté, régulateurs, tiroirs, pistons, appareils divers, pièces de machines. — Locomotives. — Appareils et machines hydrauliques. — Machines-outils. — Appareils et machines diverses, etc.

Géologie. — **Minéralogie.**

Télégraphie.

PORTEFEUILLE
DE JOHN COCKERILL

DESCRIPTION

De machines d'épuisement pour charbonnages et mines, à balancier, à traction directe, système du Cornouailles, etc. — Machines d'extraction. — Machines et appareils pour fabriques de fer, laminoirs, marteaux, moulins, cingleurs, squeezers, etc. — Machines soufflantes de différents systèmes. — Locomotives à voyageurs, mixtes, de montagnes, etc. — Tenders et matériel destinés à l'exploitation des chemins de fer. — Machines de fabriques, des système de Watt, de Woolf, à balancier, à bâti pyramidal, à cylindre horizontal, etc. — Locomobiles de différents systèmes. — Machines pour la navigation fluviale, et machines de mer, à cylindres oscillants et fixes, etc. — Machines-outils, tours, alesoirs, raboteuses, perçoirs, etc. — Appareils pour moulins à farine, sucreries, poudrières, fabriques de stéarine, fabriques de poteries et faïenceries, papeteries.— Machines à polir et à doucir les glaces. — Mécaniques de filature et de fabrication d'étoffes diverses, etc.

CONSTRUITS

DANS LES ÉTABLISSEMENTS DE SERAING

PUBLIÉ

AVEC AUTORISATION DE LA SOCIÉTÉ

Nous appelons particulièrement l'attention sur la nomenclature qui précède, et nous ferons remarquer que bien peu de recueils similaires à celui dont nous annonçons la publication, peuvent réunir une pareille variété de matières et embrasser ainsi l'ensemble presque entier des appareils que réclament journellement les besoins du commerce et de l'industrie.

En autorisant cette publication, la Société Cockerill a mis à notre disposition les matériaux et renseignements nécessaires.

En ce qui concerne la partie graphique et matérielle, nous espérons que le public voudra bien considérer comme garantie suffisante de bonne exécution la manière dont sont traités les grands ouvrages à gravures qui ont été édités jusqu'à ce jour par notre maison, et, quant à l'exactitude et à l'authenticité des documents que nous donnerons, il n'est point de doute possible, attendu que l'unique source où nous les puiserons sont les archives mêmes de la Direction de Seraing.

L'ouvrage complet formera un atlas en 2 volumes grand in-folio, contenant 200 planches gravées avec soin, et un texte en 2 volumes grand in-4°.

Il se publie en 100 livraisons, dont 86 ont paru.

PRIX DE LA LIVRAISON : **2** FRANCS.

Le premier volume de texte et le premier volume d'atlas pris séparément se vendent ensemble 125 francs.

TRAITÉ THÉORIQUE ET PRATIQUE

DE LA CONSTRUCTION

DES MACHINES A VAPEUR

FIXES, LOCOMOTIVES ET MARINES

A L'USAGE

DES INGÉNIEURS, MÉCANICIENS, CONSTRUCTEURS, ETC.,

ET DES ÉLÈVES DES ÉCOLES SPÉCIALES

COMPRENANT

L'examen technique des matériaux de construction,
la composition, l'exécution
et les devis de ces moteurs pour les divers genres, espèces, systèmes
et forces connus,

PAR C.-E. JULLIEN

Ingénieur, ancien élève de l'École centrale des arts et manufactures,
ex-ingénieur de l'atelier de construction du Creusot,
du chemin de fer de Paris à Lyon, des forges de Montataire
et des aciéries de H. Petin, Gaudet et Cⁱ,
de Rive-de-Gier.

DEUXIÈME ÉDITION
revue, corrigée et augmentée.

Les positions que M. JULLIEN a successivement occupées dans les premières usines de France, et la rapidité avec laquelle s'est écoulée la *première édition*, nous sont un sûr garant de l'excellence de son ouvrage.

Ce n'est pas seulement un traité des machines à vapeur, c'est encore, on peut le dire, un procès-verbal raisonné de leur fabrication telle qu'elle doit se pratiquer pour aboutir à des résultats satisfaisants *au point de vue de l'acheteur comme à celui du vendeur;* aussi n'y a-t-il pas de renseignements que l'on ne soit assuré d'y trouver, tant pour les matériaux que pour la composition, l'exécution et les devis.

Cette seconde édition, revue, corrigée et considérablement augmentée par l'auteur, est divisée en quatre parties principales, savoir :

La première, qui comprend l'*étude des matériaux* de construction, les envisage sous leurs divers points de vue, chimique, physique et mécanique ;

La seconde, qui porte le nom de *composition des machines*, passe successivement en revue les pièces, les parties de machine et les machines complètes telles qu'elles s'exécutent suivant les divers services auxquels elles sont appelées dans l'industrie, sur les chemins de fer, en agriculture et en marine ;

La troisième décrit les *opérations de l'atelier de construction ;*

Et la quatrième donne les *prix de revient détaillés* d'un nombre considérable de machines.

Cet ouvrage renferme donc la théorie complète de tous les systèmes des machines, — l'étude des avantages et des inconvénients de chacun d'eux, selon la destination, l'emploi et la force des machines, — toutes les études de détails qui peuvent être utiles, — des calculs tout faits et des tableaux en grand nombre, — des figures sur bois intercalées dans le texte, — enfin un ATLAS de 48 planches doubles, toutes gravées à l'échelle et représentant, outre les machines complètes de tous les genres, de toutes les espèces et de tous les systèmes, les pièces particulières de toutes ces machines et l'outillage des ateliers.

Il s'adresse à tous les ingénieurs, — à tous les constructeurs (ingénieurs mécaniciens et ouvriers mécaniciens), — aux élèves des écoles spéciales, — enfin, à tous les propriétaires de machines à vapeur comme à tous ceux qui sont appelés à faire acquisition de ces machines.

Un fort volume in-4º de 600 pages, avec gravures sur bois,

et un ATLAS de 48 planches doubles gravées à l'échelle.

PRIX : **35** FRANCS.

Pour paraître prochainement :

TRAITÉ

DU CHAUFFAGE ET DE LA CONDUITE

DES

MACHINES A VAPEUR

FIXES ET LOCOMOBILES

PAR L. PÉRARD

Ingénieur des mines.

Un volume grand in-8º, avec planches.

PRIX : 10 FRANCS.

Cet ouvrage est le résumé des leçons faites, il y a quelques années, par l'auteur, à l'École industrielle de Liége. La machine à vapeur est aujourd'hui beaucoup plus répandue que les connaissances nécessaires pour en tirer le meilleur parti : les chefs d'usine trouveront dans ce volume, sous une forme très-élémentaire, les principes complets de l'emploi le plus fécond de cette puissance. L'auteur s'est efforcé de réunir en corps de doctrine les éléments disséminés dans des ouvrages généraux ou trop volumineux, et ceux qu'il a puisés dans ses propres observations.

DE

L'ÉCONOMIE DU COMBUSTIBLE

EXPOSÉ DES PRINCIPAUX MOYENS

USITÉS OU PROPOSÉS

POUR PRODUIRE ET EMPLOYER ÉCONOMIQUEMENT LA VAPEUR

servant de force motrice

PAR

E. BÈDE

Professeur à l'Université de Liége.

Deuxième édition, revue, corrigée et augmentée.

Un volume grand in-8°, avec planches.

PRIX · **9** FRANCS.

La vente rapide des deux premières éditions de cet ouvrage indique assez son utilité pour que nous croyions pouvoir nous dispenser de tout éloge.

EN PRÉPARATION (DU MÊME AUTEUR):

TRAITÉ THÉORIQUE ET PRATIQUE

DES MACHINES A VAPEUR

EMPLOYÉES

Dans les Mines, Usines, Manufactures, Chemins de fer, la Marine et l'Agriculture.

TRAITÉ DE L'EXPLOITATION

DES MINES DE HOUILLE

OU EXPOSITION COMPARATIVE

DE MÉTHODE EMPLOYÉES EN FRANCE, EN BELGIQUE

EN ALLEMAGNE ET EN ANGLETERRE

POUR L'EXTRACTION DES MINÉRAUX COMBUSTIBLES

PAR

A.-T. PONSON

Ingénieur civil des mines.

———

L'ouvrage complet forme 4 volumes grand in-8º de 550 à 600 pages chacun, accompagnés d'un ATLAS in-folio de 80 planches, gravées avec soin, imprimées sur beau papier vélin.

PRIX DE L'OUVRAGE COMPLET : **80 FRANCS.**

———

Le travail que nous annonçons est exclusivement consacré aux diverses méthodes d'extraire la houille et aux nombreuses opérations qui s'y rattachent. Ce traité est, dans sa partie descriptive, un parallèle constant entre les appareils et les procédés usités dans les divers bassins carbonifères de l'Europe. Il renferme non-seulement l'exposition des opérations et des machines les plus récentes, mais encore la description de celles dont on se servait anciennement, afin que le lecteur puisse embrasser d'un seul coup d'œil l'historique complet des inventions dont la houille a été l'objet à différentes époques.

Tous les plans de mines, sauf quelques rares exceptions, sont authentiques et expriment, par conséquent, ce qui existe ou ce qui a existé ; tous les appareils décrits fonctionnent ou ont fonctionné autrefois. Telle est la règle que l'auteur s'est imposée, et dont il n'a dévié que dans des cas exceptionnels et pour des objets d'une importance secondaire. Chaque figure est presque toujours accompagnée d'une échelle dont les subdivisions sont une fraction exacte du mètre.

L'arrachement de la houille et l'exposé des divers systèmes d'exploitation ont été traités avec tous les développements que comportent ces parties essentielles, en se basant sur de nombreux exemples recueillis dans les mines de la France, de la Belgique, de l'Allemagne et de l'Angleterre.

Enfin, cet ouvrage, éminemment pratique, contient cependant les théories et les raisonnements destinés à éclairer la marche et l'appréciation des résultats des diverses opérations. L'auteur a été sobre de calculs et s'est efforcé de ne les emprunter qu'à la partie élémentaire de l'algèbre et de la mécanique, afin de les rendre accessibles au plus grand nombre des lecteurs.

LE

MATÉRIEL DES HOUILLÈRES

EN FRANCE ET EN BELGIQUE

Description des Appareils, Machines et Constructions

EMPLOYÉS POUR EXPLOITER LA HOUILLE

PAR A. BURAT

Ingénieur, professeur d'exploitation des mines à l'École centrale
des arts et manufactures.

Un volume in-8º de texte, avec atlas in-folio de 77 planches.

PRIX : **60** FRANCS.

TABLE DES MATIÈRES

TRANSPORTS SOUTERRAINS. — Voies et waggons. — Berceaux porteurs et cages. — Parachutes. — Clichages. — Traction mécanique des waggons. — Câbles en chanvre ou en aloès. — Câbles en fil de fer ou d'acier. — EXTRACTION. — Chevalets. — Châssis à molettes. — Molettes. — Bobines. — Machines d'extraction à un cylindre, avec engrenage. — Machines à deux cylindres conjugués, verticaux. — Application des bobines à 1,000 mètres de profondeur. — Machines d'extraction avec contre-poids. — Constructions et dispositions générales. — Fosse Villars à Denain. — Puits Cinq-Sous et Lucy nº 5 à Blanzy. — Fosse nº 2 de Nœux, Pas-de-Calais. — Installation des fosses en Belgique. — Warocquères et fahrkunst. — AÉRAGE. — Lampes de sûreté. — Aérage des travaux souterrains. — Foyers d'aérage. — Ventilateurs à force centrifuge. — Ventilateur Fabry. — Ventilateur Lemielle. — Vis hydro-pneumatique. — Machine pneumatique horizontale à pistons. — ÉPUISEMENT. — Colonnes d'épuisement. — Pompes élévatoires. — Pompes foulantes. — Machines d'épuisement. — Machines à balancier. — Machines à traction directe. — Machine d'épuisement à double effet. — TRANSPORTS AU JOUR. — Voies et waggons. — Plans inclinés. — Mise en tas. — Rivages et ports secs.

TRAITÉ PRATIQUE

DE L'EXPLOITATION

DES MINES DE HOUILLE

PAR

JOHN EDLEY

Directeur de mines, etc.

Traduit de l'anglais avec autorisation de l'auteur

ET ANNOTÉ PAR

G. LAMBERT	**ED. MODESSE**
Ingénieur des mines.	Directeur-gérant de charbonnages.

Grand in-8°, avec 16 planches.

PRIX : **8** FRANCS.

NOTICE

SUR

L'AGGLOMÉRATION DES CHARBONS

MENUS

PAR HENRI GÉRONDEAU

Ingénieur civil,
ancien élève de l'Ecole centrale des arts et manufactures.

Un volume in-8°, avec planches.

PRIX : **4** FRANCS.

TRAITÉ COMPLET
DE MÉTALLURGIE

COMPRENANT

L'ART D'EXTRAIRE LES MÉTAUX DE LEURS MINERAIS

ET DE LES ADAPTER

aux divers usages de l'industrie

PAR

Le Dʳ John PERCY

Professeur de l'École des mines de Londres.

TRADUIT AVEC L'AUTORISATION ET SOUS LES AUSPICES DE L'AUTEUR

PRÉCÉDÉ D'UNE INTRODUCTION

et suivi de Notes et d'un Appendice

PAR

MM. A.-E. PETITGAND ET A. RONNA

Ingénieurs.

———

Quatre volumes grand in-8°, avec gravures à l'échelle
intercalées dans le texte.

———

Le docteur PERCY jouit à juste titre d'une incontestable
réputation dans l'industrie métallurgique en Angleterre,
et comme professeur à l'Ecole des mines de Londres, et
comme conseil de la plupart des grands établissements
métallurgiques du Royaume-Uni ; nul mieux que lui n'a été
à même d'en suivre la marche. Aussi, pour son ouvrage, il
n'a pas seulement compulsé et condensé tout ce qui a été
écrit de sérieux tant en Allemagne qu'en Suède et en France,
mais, en outre, il a recueilli personnellement en Angleterre
tous les faits intéressants relatifs à la métallurgie. Ce dernier

point de vue donne à son œuvre un caractère de nouveauté, car tout le monde sait que la plupart des procédés pratiqués dans les vastes usines de l'Angleterre ont été jusqu'à ce jour ou fort imparfaitement décrits ou tenus à dessein dans l'ombre.

D'un autre côté, s'il a paru sur la métallurgie quelques traités spéciaux, plusieurs monographies isolées et un grand nombre de mémoires, de notices et de documents plus ou moins exacts dans les divers recueils périodiques français et étrangers, il est facile de constater que les *ingénieurs*, les *élèves*, les *industriels* et les *praticiens* attendent encore un TRAITÉ COMPLET DE MÉTALLURGIE où ils puissent trouver : les principes si nécessaires à toute science d'application, la théorie et la pratique des opérations variées de cette industrie. Personne, à coup sûr, n'était en meilleure position de combler cette lacune, l'une des plus importantes de la science industrielle.

La *Métallurgie du docteur Percy* a trouvé des interprètes attentifs et surtout compétents dans les deux traducteurs qui ont entrepris de doter notre pays de cet excellent ouvrage, avec l'assentiment et sous les auspices de l'auteur.

L'ingénieur M. E. PETITGAND est connu par ses voyages et ses études métallurgiques en Espagne, en Italie, en Belgique et dans les différents centres de l'Allemagne, ainsi que par sa participation à diverses exploitations métallurgiques.

M. A. RONNA, ancien élève externe de l'École polytechnique, préparateur au Conservatoire des arts et métiers, ex-professeur de chimie en Angleterre, a été choisi par l'auteur et pour ses études spéciales et pour sa connaissance approfondie de la langue anglaise.

Les deux premiers volumes de cet ouvrage renferment, outre les généralités théoriques, — les notions premières de la science métallurgique, — une étude complète des combustibles et des produits réfractaires, — la construction des fourneaux, etc., — la description des procédés de fabrication du **CUIVRE**, du **ZINC** et des **ALLIAGES** de ces deux métaux.

Le troisième et le quatrième volume, auxquels le docteur **PERCY** met la dernière main, contiendront le **FER**, le **PLATINE**, l'**OR**, l'**ARGENT**, le **PLOMB**, le **NICKEL**, l'**ÉTAIN**, le **MERCURE**, l'**ALUMINIUM**, etc., etc., enfin les autres métaux qui sont entrés dans le domaine des arts et de l'industrie.

De nombreux dessins à l'échelle, soigneusement exécutés, intercalés dans le texte, viennent en aide à l'intelligence des méthodes et des appareils décrits.

MM. **PETITGAND** et **RONNA** ne se sont pas contentés de donner une traduction exacte de l'ouvrage anglais ; ils y ont ajouté une introduction, des notes et un appendice important.

Dans l'**INTRODUCTION**, ils retracent succinctement l'histoire de la Métallurgie et exposent les considérations générales et économiques sur le développement incessant de cette branche de l'industrie.

L'**APPENDICE** contiendra des détails particuliers sur divers points à peine effleurés par le docteur **PERCY**, parce qu'ils n'intéressent pas immédiatement l'industrie anglaise.

Nous citerons, entre autres, *pour les deux premiers volumes :* le lavage des charbons, — les fours à coke des derniers systèmes employés, tels que les fours Appolt, etc., etc., — l'emploi des tourbes, — les applications des fours Siemens. — Et, *pour les troisième et quatrième volumes :* les procédés particuliers à l'Espagne pour la métallurgie du plomb ; ceux employés sur divers points de l'Allemagne pour le traitement des minerais de cuivre ; — enfin, les améliorations récentes, importantes, survenues pendant la publication de l'ouvrage anglais.

TRAITÉ THÉORIQUE ET PRATIQUE

DE

LA MÉTALLURGIE DU FER

A L'USAGE

DES INGÉNIEURS, DES FABRICANTS ET DIRECTEURS D'USINES

ET DES ÉLÈVES DES ÉCOLES SPÉCIALES

COMPRENANT LES FABRICATIONS

de la Fonte, du Fer, de l'Acier et du Fer-blanc

PRÉCÉDÉ D'UNE INTRODUCTION

concernant les principes sur lesquels repose cette industrie

PAR

C.-E. JULLIEN

Ingénieur, ancien élève de l'École centrale des arts et manufactures,
ex-ingénieur de l'atelier de construction du Creusot,
du chemin de fer de Paris à Lyon, des forges de Montataire
et des aciéries de H. Petin, Gaudet et Cᵉ,
de Rive-de-Gier.

Un fort volume in-4º et un Atlas de 51 planches doubles.

PRIX : **36** FRANCS.

M. Jullien, attaché successivement, comme ingénieur, à
l'atelier de construction du Creusot ; comme sous-directeur,
à l'usine de Montataire ; et enfin aux aciéries de H. Petin,
Gaudet et Cⁱᵉ, de Rive-de-Gier, s'est occupé, toute sa vie, de

la fabrication de la *fonte*, du *fer*, de l'*acier* et du *fer-blanc;* il en a étudié tous les procédés : il a contribué puissamment aux progrès qui se sont accomplis dans cette industrie. Il en . connaît toutes les théories, et sa constante préoccupation, dans la pratique comme dans son traité, a été de mettre continuellement la théorie en présence de l'application.

L'ouvrage qu'il offre au public est tout à la fois un exposé des principes sur lesquels repose la métallurgie du fer, une description exacte de toutes les opérations que comportent ses diverses fabrications, une étude complète de toutes les machines employées dans cette industrie.

51 planches doubles donnent, à l'échelle, les dessins de toutes les machines et de tous les appareils en usage.

La **MÉTALLURGIE DU FER** de M. Jullien est le guide le plus sûr que puissent prendre les *ingénieurs*, les *fabricants*, les *directeurs d'usines* et les *élèves des Écoles spéciales*.

Il sera également consulté avec fruit par les personnes intéressées dans cette industrie, qui voudront se rendre compte des procédés et appareils qui y sont employés.

COMPARAISON

DES

PROPRIÉTÉS RÉSISTANTES DU FER

ET DE L'ACIER

PAR A. BRÜLL
Ingénieur.

Brochure in-8º. — Prix : **2** francs.

DE

LA FABRICATION DE LA TOLE

EN BELGIQUE

ET

DESCRIPTION DES INSTALLATIONS RÉCENTES

POUR LA

PRODUCTION DES FERS DE POIDS EXTRA

PAR

OSC. RONGÉ
Ingénieur honoraire des mines.

———

Un volume in-8° de 90 pages, avec 3 planches.

PRIX : **5** FRANCS.

———

NOTE

SUR LA FABRICATION DES FONTES

D'HÉMATITE

Dans le North-Lancashire et le Cumberland

(ANGLETERRE)

PAR JORDAN

———

Une brochure in-8°, avec planches.

PRIX : **4** FRANCS.

MÉMOIRE

SUR LA

FABRICATION DE L'ACIER FONDU

PAR LE PROCÉDÉ CHENOT

PAR

ED. GRATEAU

Ingénieur civil des mines, ancien élève breveté de l'École
des mines de Paris.

Un volume in-8°, avec planches.

PRIX : **2 FR. 50** C.

FOURS ET FOURNEAUX COMPARÉS

AU POINT DE VUE

DE L'ÉCONOMIE DU COMBUSTIBLE

DE LA MAIN-D'ŒUVRE

des frais d'installation et d'entretien

PAR HAVREZ

Une brochure in-8°, avec planches.

PRIX : **4** FRANCS.

TRAITÉ THÉORIQUE

DES

PROCÉDÉS MÉTALLURGIQUES

DE GRILLAGE

PAR KARL-FRIEDERICK PLATTNER

Professeur de métallurgie à l'Académie royale des mines de Saxe,
Assesseur au Conseil supérieur des usines à Freyberg.

Traduit de l'allemand, annoté & augmenté,

PAR ALPHONSE FÉTIS

Ingénieur civil des mines.

———

Un volume in-8º, avec planches.

PRIX : **12** FRANCS.

TRAITEMENT MÉTALLURGIQUE

DES MINERAIS DE CUIVRE

A L'USINE DE STERN

et aux ateliers de la mine de Saint-Josephberg

PRÈS LINZ-SUR-RUHR

PAR ALPHONSE FÉTIS

Ingénieur.

———

Un volume in-8º, avec planches.

PRIX : **2** FR. **50** C.

EXPLOITATION

ET

TRAITEMENT DES PLOMBS

DANS

LE MIDI DE L'ESPAGNE

PAR

A.-E. PETITGAND
. Ingénieur civil des mines.

Un volume in-8º, avec planches.

PRIX : **4** FRANCS.

MÉTALLURGIE DU PLOMB

EN BELGIQUE

PAR MICHEL CAHEN
Ingénieur civil.

Mémoire couronné par l'Association des Ingénieurs
SORTIS DE L'ÉCOLE DE LIÉGE.

Un volume in-8º de 230 pages, avec 10 planches
et de nombreux tableaux.

PRIX : **5** FRANCS.

Description et discussion des divers traitements métallurgiques des
minerais de plomb. — Examen comparé de ces divers traitements. — Améliorations dont ils sont susceptibles.

TRAITÉ PRATIQUE

DES

OPÉRATIONS SUR LE TERRAIN

COMPRENANT LES TRACÉS ET LES NIVELLEMENTS

NÉCESSAIRES

à la construction des chemins de fer, routes et canaux

PAR A. BRUN

Un volume in-8°, avec planches in-8°.

PRIX : 4 FR. 50 c.

Aucun ouvrage n'a encore décrit plus clairement les méthodes pratiques et les instruments employés pour le tracé des alignements et des nivellements.

L'auteur a eu le soin d'entrer dans les plus grands détails sur les meilleurs moyens d'opérer, sur les précautions à prendre, sur les causes d'erreur à éviter.

Il embrasse tous les cas qui se présentent dans la construction des chemins de fer, des routes et des canaux, dans la construction des galeries souterraines.

L'ouvrage est accompagné de 24 planches gravées avec le plus grand soin.

THÉORIE ET PRATIQUE

DE

LA RÈGLE A CALCUL

PAR

QUINTINO SELLA

TRADUIT DE L'ITALIEN

PAR G. MONTEFIORE LEVI
Ingénieur.

Un volume in-12, cartonné.

PRIX : **3 FR. 50 C.**

Grâce à une méthode très-claire, à des définitions nettes et précises, Quintino Sella a pu, dans un volume de 160 pages, rendre des plus faciles l'emploi de la règle à calcul et en augmenter considérablement les applications.

Un tableau des problèmes indique immédiatement la méthode à suivre dans chaque cas donné.

Ajoutons que Quintino Sella a résolu pour la première fois, dans ce petit volume, la position de la virgule dans tous les résultats.

Un chapitre spécial est consacré à l'emploi des instruments calculateurs analogues. — La règle à calcul des 0.51. — La règle à échelles repliées. — La règle en carton de Lalanne. — L'arithmographe. — L'abaque de Lalanne.

PRIX DES RÈGLES MÊMES :

Règles ordinaires de $0^m,26$.............	6	francs.
Règles ordinaires à biseau............	7	—
Règles à biseau, modifiées par Manheim.	10	—
Règles à échelles repliées de $0^m,13$.....	6	—
Règles à échelles repliées de $0^m,26$.....	15	—
Règles de $0^m,36$.....................	25	—
Règles de $0^m,50$.....................	50	—

54   NOBLET ET BAUDRY, LIBRAIRES-ÉDITEURS

NOTICE

SUR

L'EMPLOI DE L'AIR COMPRIMÉ·

AU FONÇAGE DES PILES ET CULÉES

DU PONT DE KEHL SUR LE RHIN

PAR M. C. MARÉCHAL

Ingénieur civil, chef de service du matériel aux travaux du pont du Rhin.

Un volume in-8°, avec planches.

PRIX : **8** FRANCS.

ROUE HYDRAULIQUE

A AUBES COURBES

SYSTÈME PONCELET

Considérations théoriques & pratiques

POUR L'ÉTABLISSEMENT DE CETTE ROUE

PAR J. KRAFFT

Ingénieur de la Société John Cockerill, ancien adjoint au professeur
de mécanique à l'Ecole polytechnique de Vienne.

Grand in-4°, avec 3 planches.

PRIX : **3** FR. **50** C.

NOTICE SUR LES PONTS

AVEC POUTRES TUBULAIRES EN TOLE

PAR L. YVERT

Ingénieur civil,

AVEC UNE INTRODUCTION PAR E. FLACHAT

Ingénieur civil.

———

Atlas in-folio de 20 planches avec tableaux du résultat des expériences, accompagné d'un volume grand in-8º de texte.

PRIX : **15** FRANCS.

———

DESCRIPTION

DU PONT A TREILLIS

SUR

LA MEUSE (PRÈS MAESTRICHT)

PAR J.-A. KOOL

Ingénieur en chef du chemin de fer d'Aix-la-Chapelle à Landen,
ancien officier du génie
au service de S. M. le roi des Pays-Bas,
chevalier de l'ordre du Lion néerlandais et de l'ordre
do Léopold de Belgique.

———

Grand in-4º avec 8 planches in-folio.

PRIX : **10** FRANCS.

6.

TRÁITÉ GÉNÉRAL

DES

APPLICATIONS DE L'ÉLECTRICITÉ

PAR

MICHEL GLOESENER
Officier de l'ordre de Léopold,
Professeur à l'Université de Liége et Directeur du cabinet de physique,
Docteur ès sciences physiques et mathématiques,
Membre correspondant de l'Académie royale des sciences,
des lettres et des beaux-arts de Belgique.

Deux volumes grand in-8°, avec planches.

PRIX : **30** FRANCS.

EN VENTE :

Tome Ier, grand in-8° orné de 18 planches.

Le premier volume de ce remarquable traité comprend :

1° Une introduction faisant voir comment la science a fourni successivement les connaissances nécessaires pour appliquer le courant électrique ;

2° Une partie théorique contenant un exposé succinct des données indispensables pour comprendre, raisonner et construire les appareils qui fonctionnent par l'action du courant électrique ;

3° L'application du courant électrique à la télégraphie ; divers systèmes de télégraphes, appareils complémentaires en télégraphie ; appareils employés pour les communications directes ; parafoudres ; câbles sous-marins ; dérangements extérieurs des fils télégraphiques ;

4° L'application de l'électricité : aux moyens de sûreté sur les chemins de fer ;

5° Aux sonneries électriques et à leurs usages domestiques ;

6° Aux chronographes.

Le tome deuxième, qui va paraître incessamment, contiendra :

1° L'horlogerie électrique ;

2° Les paratonnerres ;

3° L'application du courant électrique : à la détermination des longitudes terrestres ; à diverses observations scientifiques de précision ; aux observations météorologiques ; à l'inflammation des mines ;

4° L'application de la lumière électrique : aux expériences d'optique et d'acoustique pour la projection des phénomènes ; aux opérations militaires ; à l'éclairage des villes, des phares, des routes, des navires sur mer, des galeries de mines, des travaux sous-marins, des travaux de nuit ;

5° La théorie des principaux électro-moteurs ;

6° Diverses applications du courant électrique aux arts et à l'industrie ;

7° La galvanoplastie ;

8° L'application de l'électricité à la médecine.

Nous croyons inutile de faire ressortir l'importance et l'actualité de cet ouvrage, qui répond à un véritable besoin, tant au point de vue industriel qu'au point de vue scientifique. Nous nous bornerons à rappeler que les appareils électriques inventés par l'auteur et dont cet ouvrage contient la description, avaient obtenu la médaille de première classe à l'exposition universelle de Paris, en 1855, et lui ont valu récemment la même distinction de la Société d'encouragement pour l'industrie nationale de Paris (1862), ainsi que du jury international de l'exposition universelle de Londres en 1862.

ATLAS

DE CRISTALLOGRAPHIE

A L'USAGE

DES ÉLÈVES DES COURS DE MINÉRALOGIE

PAR

G. DEWALQUE
Professeur à l'Université de Liége.

Atlas de 24 planches, avec texte.

PRIX : **4 FRANCS.**

CARTE GÉOLOGIQUE DE L'EUROPE

PAR ANDRÉ DUMONT
Ancien recteur de l'Université de Liége, commandeur
de l'ordre de Léopold.

La carte que nous offrons aux géologues a figuré à l'Exposition universelle de Paris. Rien n'a été négligé pour lui donner le plus haut degré d'exactitude. Nous croyons pouvoir dire que nulle carte géologique ne présente autant de détails, à une aussi petite échelle, pour les parties centrales et occidentales de notre continent. L'auteur a non-seulement réuni tous les matériaux publiés jusqu'à ce jour, mais il a profité d'un grand nombre de renseignements inédits que lui ont communiqués la plupart des géologues de l'Europe. Il y a joint ses observations personnelles sur la Belgique et les contrées voisines ; enfin, celles qu'il a recueillies dans ses nombreux voyages en France, en Angleterre, en Allemagne, en Suisse, en Autriche, en Turquie, dans l'Asie Mineure, en Grèce, en Italie, en Sicile et en Espagne, lui ont permis de coordonner ces documents épars et de les contrôler les uns par les autres, de manière à en former les éléments d'un même système.

La gravure de la carte, ainsi que l'impression en couleur, ont été l'objet des soins les plus minutieux. On ne peut désirer une clarté plus parfaite, malgré l'abondance des détails. Les connaisseurs apprécieront les difficultés considérables qu'il a fallu vaincre pour représenter, avec une si grande exactitude et d'une manière si complète, l'extrême variété des terrains qu'on observe dans quelques contrées du centre de l'Europe.

Quatre feuilles format grand aigle,
chromolithographiées à l'Imprimerie impériale.

ECHELLE : $\dfrac{1}{4,000,000}$, 4 myriamètres par centimètre.

GRANDEUR DU CADRE : 1^{m},41 sur 1^{m},20.

PRIX : **65** FRANCS.

Collée sur toile et en étui : 75 francs.

SOUS PRESSE :

TRAITÉ COMPLET

DE

LA FILATURE DU COTON

PRÉCÉDÉ

d'une Introduction historique, statistique, etc.,

DE L'INDUSTRIE COTONNIÈRE

PAR M. ALCAN

Professeur de filature et de tissage au Conservatoire impérial
des arts et métiers.

Un volume grand in-8° de 500 à 600 pages de texte,
et un ATLAS grand in-4° de 35 planches doubles.

PRIX : **35** FRANCS.

TRAITÉ THÉORIQUE ET PRATIQUE

DE LA FABRICATION COMPLÈTE

DES ÉTOFFES DE LAINE

FOULÉES ET DRAPÉES

Production — Filature — Tissage et Apprêts

PAR M. ALCAN

Professeur de filature et de tissage au Conservatoire impérial
des arts et métiers.

Un volume grand in-8° de 500 à 600 pages de texte,
et un ATLAS grand in-4° de 35 planches doubles.

PRIX : **35** FRANCS.

Pour paraître prochainement :

TRAITÉ MÉTHODIQUE
DU TISSAGE DES ÉTOFFES

EN GÉNÉRAL

unies, façonnées, à fils serrés, à mailles, etc., etc.

PRÉPARATIONS, TISSAGE, MACHINES
COMPOSITION DES DESSINS, APPRÊTS, ORGANISATION DES MANUFACTURES
POUR CHAQUE SPÉCIALITÉ

PAR M. ALCAN
Professeur de filature et de tissage au Conservatoire impérial
des arts et manufactures.

Un volume grand in-8° de texte de 500 à 600 pages,
et un ATLAS grand in-4° de 55 planches doubles.

PRIX : 35 FRANCS.

Les trois ouvrages réunis de M. Alcan forment une encyclopédie complète de la filature et de la fabrication des étoffes. Nul ne pouvait mieux que lui entreprendre une publication de cette nature. Le cours qu'il professe depuis vingt ans au Conservatoire impérial des arts et manufactures, ses relations permanentes avec tous les grands manufacturiers de l'Angleterre, de l'Allemagne, de la Belgique et de la France, le mettent plus que personne en position de décrire et de comparer les procédés employés dans ces diverses fabrications et de faire connaître les progrès récents et nombreux apportés dans cette importante industrie.

Des dessins à l'échelle aident à l'intelligence des machines et des appareils qu'il a décrits.

MÉMOIRE

SUR

LA DÉVIATION DES PROJECTILES

DANS L'AIR

SUIVI

D'UN APPENDICE RELATIF A UN PHÉNOMÈNE

OBSERVÉ

DANS LE MOUVEMENT GIRATOIRE DES CORPS

PAR

Le docteur G. MAGNUS

Traduit de l'allemand et annoté

PAR L. DELOBEL
Colonel d'artillerie.

———

Grand in-8°, avec planches.

PRIX : **2** FRANCS.

FUSÉE A TEMPS

POUR SHRAPNELS ET OBUS

INVENTÉE

Par J.-T. CAMBRESY-BASSOMPIERRE
Ingénieur civil à Liége.

———

Brochure in-8°. Prix : **2** francs.

REVUE

DE

TECHNOLOGIE MILITAIRE

OU

RECUEIL INTERNATIONAL

DE MÉMOIRES, EXPÉRIENCES, OBSERVATIONS ET PROCÉDÉS

RELATIFS A CETTE SCIENCE

Sous la direction de E. TERSSEN
Major d'artillerie.

La *Revue internationale de Technologie militaire* paraît en trois ou quatre fascicules, et forme à la fin de chaque année un fort volume grand in-8° de 700 à 800 pages, accompagné d'environ 30 planches.

PRIX DE L'ABONNEMENT ANNUEL :

Paris...................... **20** francs.
Départements .... **22** francs.
Étranger. .... **24** francs.

3ᵉ année 1863. — 3ᵉ volume.

Le premier fascicule vient de paraître ; il contient un Mémoire de M. le colonel Gadolin sur la *Résistance des parois des canons*, et un autre Mémoire du même auteur sur la *Théorie des canons cerclés*. Le premier de ces Mémoires est

7

un traité complet sur la matière ; le second est une application et une extension du premier. Dans l'opinion des hommes de l'art, personne n'a encore résolu le problème d'une manière aussi complète ni aussi générale que le colonel Gadolin. — Deux autres Mémoires, l'un sur les *canons rayés néerlandais*, l'autre sur le *système Whitworth*, complètent ce fascicule.

La **PREMIÈRE ANNÉE** de la *Revue de Technologie militaire* est complétement épuisée.

La **DEUXIÈME ANNÉE** forme un volume grand in-8° de près de 700 pages, accompagné de 16 planches, et se vend **15 francs**.

Principaux articles contenus dans le tome II :

Compte rendu des expériences exécutées en divers pays depuis 1854 jusqu'à ce jour, à l'aide du pendule électro-balistique Navez.

De la fabrication mécanique des armes aux États-Unis.

Compte rendu des expériences exécutées en Prusse, à l'effet de déterminer la pression exercée par les gaz de la poudre sur les parois des canons.

Application des résultats des expériences précédentes à la détermination des épaisseurs du métal des canons, par **M. Mayevski**.

Description et examen de plusieurs systèmes de shrapnels, boulets creux et fusées à projectiles, récemment essayés ou adoptés par diverses puissances européennes, par L. Delobel.

De la rotation considérée au point de vue pratique, ou applications diverses du principe de la rotation au tir des projectiles d'artillerie.

Des métaux à canon, de la fabrication des bouches à feu et de quelques causes jusqu'ici inexpliquées de leur prompte destruction, par Robert Mallet.

www.ingramcontent.com/pod-product-compliance
Ingram Content Group UK Ltd.
Pitfield, Milton Keynes, MK11 3LW, UK
UKHW022229120726
13694UKWH00002B/758

9 782013 680509